Wolfgang Schmidbauer

DIE RACHE DER LIEBENDEN

Verletzte Gefühle und Wege aus der Hass-Falle

Rowohlt

1. Auflage Januar 2005

Redaktion Hermann Gieselbusch
Satz Adobe Garamond PostScript InDesign
bei Pinkuin Satz und Datentechnik, Berlin
Druck und Bindung Clausen & Bosse, Leck
Printed in Germany
ISBN 3 498 06356 1

Inhalt

Vorwort 7
Einleitung: Trauma und Selbstgefühlskrise 11

1 Schehrezade in der Gruppentherapie 13
2 Das Märchen von Tausendundeiner Nacht 27
3 Mordsliebe. Zur Rettung des sexuellen Selbstgefühls durch Gewalt 37
4 Thesen zur sexuellen Traumatisierung des Mannes 48
5 Traumatische Entwicklungen 78
6 Schehrezades Heilkunst 118
7 Kreativität und Humor 143
8 Das Trauma verstehen und nicht wiederholen 153
9 Die Phasen der Traumatherapie 163
10 Kill Bill 189
11 Stalking 196

Literatur 217

Vorwort

Für jeden Beobachter, mehr noch für jeden Betroffenen gehört die Verwandlung von Liebe in Rücksichtslosigkeit, Gewalt und schließlich Hass zu den Rätseln der menschlichen Existenz. Vielen fällt es schwer zu glauben, dass eine solche Veränderung, ein Umschlagen scheinbar tragender Gefühle, überhaupt möglich ist. Sie wollen es nicht wahrhaben, auch wenn es nicht zu übersehen ist; sie verleugnen seine Bedeutung schon wieder, kaum haben sie diese erkannt. Unermüdlich verlangen sie nach immer neuen Beweisen des längst Erwiesenen.

Wer solche Reaktionen verstehen will, entdeckt bald, dass die menschliche Liebe weder rein noch sozusagen aus einem Guss ist. Sie enthält ein Gemisch unterschiedlicher Elemente. Vor allem aber wird dem Forscher irgendwann klar, dass die Sexualität für das Individuum fast immer «zu viel» ist, dass eine Person *allein* ihre erotischen und Nähewünsche nicht regulieren kann, dass wir auf Kontakt und Dialog angewiesen sind.

Diese Öffnung der Einzelperspektive zu einem Dialog gelingt unter Bedingungen, welche ich hier untersuchen werde. Ein wesentlicher Gesichtspunkt meiner Untersuchungen ist die Notwendigkeit der Verinnerlichung des «guten Paars» in der Kindheit, um später die Belastungen der Zweierbeziehung und der Auseinandersetzung mit der Fremdheit des anderen Geschlechts bewältigen zu können.

Nichts zerstört dieses «gute Paar» nachhaltiger als Eltern, die sich gegenseitig entwerten.

Ein Schlüssel zum Verständnis solcher Situationen liegt in der Erforschung des menschlichen Selbstgefühls, des Narzissmus. Zu seinen bedrohlichen Veränderungen gehört eine Entwicklung, die hier mit «kannibalisch» veranschaulicht wird. Im Kannibalismus geht es um Grenzüberschreitung. Er wirkt auf den zivilisierten Menschen abscheulich, aber er hat sich bis heute in Redensarten («Ich hab dich zum Fressen gern») erhalten.

Im Stadium des kannibalischen Narzissmus wird eine einst (oder immer noch) geliebte Person beschädigt oder zerstört, um das eigene Überleben zu sichern. Eine Frau zieht ihre Tochter ins Vertrauen: Der Vater ist ein brutaler Geselle, sie liebt ihn nicht, sie bleibt nur aus Angst bei ihm, um der Familie den Versorger zu erhalten. Ein Vater zeigt seinem Sohn in einem Lehrbuch der Psychiatrie den Text über hysterische Störungen: Da finde er doch die Mutter beschrieben, wie sie leibe und lebe.

Entwertung und Erniedrigung des anderen stützen das eigene Selbstgefühl und untergraben es zugleich. Indem das einst Glück und Stabilität spendende Wesen erniedrigt wird, hofft der Täter (oder die Täterin) auf eine eigene Erhöhung. In der Vernichtung dessen, der mich gekränkt hat, meine ich die Zeit zurückzudrehen und die Kränkung selbst ungeschehen zu machen.

Solche Störungen «vererben» sich insofern, als jene Menschen, die das «gute Paar» nicht verinnerlichen konnten, als Erwachsene leidenschaftlich nach einer «überdurchschnittlich guten» Partnerschaft suchen und überzeugt sind, sie dürften sich nicht zufrieden geben, ehe sie diese erreicht haben. Für sie gilt der klassische jüdische Witz: «Ich geh doch in keinen Verein, der mich aufnimmt!» Eine «einfache», erwiderte, real mögliche Liebe kann die tiefe Sehnsucht nach grandioser Aufwertung nicht befriedigen, die im Kampf um den gebundenen, widerstrebenden, psychisch beeinträchtigten Partner erfüllbar scheint. Glück ist nicht Ankommen, sondern Unterwegs-Sein zu dem idealisierten Objekt.

Im Folgenden werden zwei Märchengestalten die Untersuchung über das sexuelle Trauma und die erotische Kreativität begleiten: der Ritter Blaubart, sozusagen ein verschärfter Don Juan, der Frauen erobert und dann nicht nur im Stich lässt, sondern tötet und in manchen Varianten des Märchens seine Grausamkeit im Kannibalismus vollendet. Ihm gegenüber Schehrezade*, die allein durch die Kraft ihres Geistes und ihrer Stimme einen solchen Blaubart zähmt.

Dies ist ein Buch für Nichtspezialisten, für den *common sense* des interessierten «Laien». Dennoch finden sich in ihm neben einer psychoanalytischen Untersuchung der Rahmenerzählung von «Tausendundeine Nacht» auch neue Beiträge zur Lehre vom Narzissmus und zum Umgang mit Traumatisierungen. Ich meine hier vor allem das Modell der gestützten Grandiosität und die Unterscheidung zwischen pharisäischen beziehungsweise kannibalischen Formen der Selbstgefühlsstörung. Die Beschreibung der manischen Abwehr einer seelischen Verletzung und der Ausbildung eines Werkzeug-Selbst, die denselben Zwecken dienen kann, dürfte auch einen fachkundigen Leser interessieren.

Die Fallbeispiele sind so stark verfremdet, dass sie nicht mit konkreten Personen verbunden werden können. Einzelheiten sind realen Situationen entnommen, doch die Figuren selbst gibt es so viel und so wenig in der Wirklichkeit wie Schehrezade und die Geliebten des Dämons.

* Der ursprünglich persische Name wird im Deutschen unterschiedlich geschrieben: Scheherazade, Scheherezade, Scherzade, Schehersad. Ich halte mich bei allen Eigennamen an die Schreibweise in der von mir benutzten Übersetzung aus dem Arabischen von Enno Littmann: «Die Erzählungen aus den Tausendundein Nächten». Frankfurt (Insel) 1968.

Einleitung: Trauma und Selbstgefühlskrise

Er rief: ‹O Vater der beiden Kinnschleier!›
und legte das Pulver auf die Pfanne und
entzündete die Lunte und zielte auf den Kompaß;
dann gab er Feuer und brach die Burg an allen vier Ecken.
So geschah das Ereignis, das unerforschlich ist,
und sie tat den Schrei, der unausbleiblich ist.

Die Geschichte von dem Schuhflicker Maruf,
1001 Nacht, Bd. 6, S. 598

Ein Trauma ist ein Ereignis, bei dessen Bewältigung die menschliche Existenz entscheidende Anstöße empfängt. Sein Betrachter meint, eine Franse der Dynamik des Lebens schlechthin zu erfassen. Ich denke in meinen eigenen Bewegungen von der «kleinen» Verständnissuche in einer Psychotherapie zu «großen» Fragen oft an Adalbert Stifter, der auf den Einwand eines Kritikers, Naturdinge und einfache Menschen seien banal angesichts der großen Fragen der Welt, mit dem Satz antwortete, die Kraft, welche die Milch im Topf der armen Bäuerin überkochen lasse, sei dieselbe, die den Vulkanausbruch verursache.

Dieses Buch wurde durch den Traum einer Patientin angeregt, der sich mit der Geschichte von Schehrezade verknüpfte. Ich wollte die Wechselwirkung von «männlicher» und «weiblicher» Traumatisierung zeigen.

Beate war wegen heftiger Depressionen zu mir gekommen, die mit ihrer Isolation nach der Scheidung zusammenhingen. Ich hatte mich oft gefragt, warum sich ihr Selbstgefühl nach dieser Trennung nicht erholte; sie fürchtete sich vor Männern, vor Sexualität, und litt doch darunter, dass sie in ihrem Leben fehlten. Allmählich tauchten Erinnerungen an ihren Vater und ihre Tante auf. Die Tante verachtete den Vater als Versager und bemühte sich, durch Ermahnungen und Strenge gutzumachen, was ihre Schwester – die Mutter der Patientin – versäumt hatte, als sie diesen untüchtigen Mann heiratete. Er trank, auf ihn war kein Verlass. Wie oft in diesen Fällen verhieß er für seine Kinder auch Lebensfreude und Unabhängigkeit, während die Mutter und die Tante nur eine grausame Anpassung zu predigen schienen. So wird in Alkoholikerfamilien oft beides vergiftet: die Emotion und die Moral. Auf Gefühle darf sich keiner verlassen, und die Moral erlaubt keine Freude. Diese Spannungen gipfelten darin, dass sich der Vater seiner zehnjährigen Tochter einige Male sexuell näherte. Sie wies ihn ab, er wich zurück, aber er konnte die Grenze nicht achten und wiederholte seine Versuche, bis schließlich – ob deshalb oder aus anderen Gründen, erfuhr Beate nie – die Mutter mit den Kindern in eine weit entfernte Stadt zog und die Scheidung einreichte. In der Gruppe schwieg Beate die meiste Zeit, doch war ihr anzumerken, wie intensiv sie zuhörte. Gelegentlich erzählte sie Träume, wobei sie oft eine Gesprächspause gegen Ende der Sitzungen abwartete. Schehrezade tauchte in einer Serie aus drei Träumen auf und passte auf den ersten Blick gar nicht zu Beates Schwermut und ihren manchmal trotzig, manchmal resigniert vorgetragenen Feststellungen, sie spüre keine erotischen Bedürfnisse, Kollegen, die sich für sie interessierten, seien ihr lästig, in der Gruppe gebe es Kumpels, aber keine attraktiven Männer.

1 SCHEHREZADE IN DER GRUPPENTHERAPIE

Jener antwortete ihm: «Bruder, ich habe eine Wunde in meinem Inneren.» Doch er tat ihm nicht kund, was er an seiner Gemahlin erlebt hatte.

1001 Nacht, Übers. E. Littmann, Insel-Ausgabe, S. 21

Den Anstoß zu diesem Buch verdanke ich also einer analytischen Gruppe. Solche Gruppen sind ein Teil meines Alltagslebens. Weil sie weniger bekannt sind als die legendäre Couch, will ich hier ein wenig über sie sagen.

Während in der klassischen Psychoanalyse zwei Personen miteinander arbeiten und der eine der Experte ist (der dadurch naturgemäß eine sehr mächtige Position einnimmt), stellt die analytische Gruppe eine Großfamilie her, in der ein (manchmal zwei) Leiter einer Mehrheit von Klienten gegenübersitzt. Dadurch wird die Zahl der möglichen Beziehungen multipliziert; ebenso vervielfacht wird das Werkzeug einer analytischen Behandlung: die Übertragung.

Analytiker, die mit Gruppen nicht vertraut sind, haben eingewandt, die Übertragungen in einer solchen Gruppe seien zu vielfältig, um sie zu analysieren. Sie können mit solchen Argumenten nur Gläubige überzeugen, die nicht ahnen, dass auch in der korrektesten Einzelanalyse keineswegs alle Übertragungen analysiert werden. Gewiss hat die Einzelanalyse Vorteile, die vor allem darin liegen, dass die Situation besser kontrollierbar ist, stärker in der Hand des Experten liegt.

Die analytische Gruppe befreit sich aber auch von Mängeln der Einzelanalyse. Sie löst die Mitglieder aus der ausgeprägten Abhängigkeit von einer Person, sie begrenzt die Definitionsmacht des Therapeuten und schützt die Klienten vor dem Missbrauch dieser Macht, sie mindert das Risiko, dass der Klient seine Störungen in der Analyse nicht erkennt und bewältigt, sondern sie in der Sprache des Analytikers neu formuliert und auf diese Weise ausbaut und perfektioniert.

In der Gruppe begegnen wir Menschen, die auf einer Party unser Interesse nur für kurze Augenblicke fesseln würden, wir lernen sie gründlich kennen und müssen uns über Jahre hin mit ihnen und ihrem Leben beschäftigen. Das stärkt unsere Beziehungskompetenz so wie ein Hanteltraining die Armmuskulatur.

Jede Übertragung, die ja nichts anderes ist als eine Belebung vergessener Gefühlsbindungen, Anziehungs-, aber auch Abstoßungsreaktionen, benötigt einen Anlass. In der Einzelanalyse ist die Kontrolle der Übertragungen optimal: Der Analytiker bemüht sich um Neutralität, er sitzt unsichtbar, er verhält sich als «wohl geschliffener Spiegel» (Freud), in dem der Analysand erkennen kann, dass Angst, Hass oder Leidenschaft in seinen Einfällen zu ihm und seiner Geschichte gehören, dass sie nicht vom Analytiker kommen. Auf der anderen Seite sind die Auslöser der Übertragungen minimal; es gibt wenig Anlass für sie, immer wieder müssen Analytiker feststellen, dass ihre Analysanden nichts übertragen, sie nicht mit Libido besetzen, durch mechanisches Assoziieren die Analyse entmachten.

Vor allem den psychosomatisch Kranken wird dieses Manöver unterstellt. Wer viel mit Psychoanalytikern spricht und angehende Analytiker supervidiert, begegnet oft den Klagen über den verschlossenen, desinteressierten Analysanden, der schweigt oder den Analytiker entwertet, weil dieser ihm so wenig Hilfreiches zu sagen weiß. Die Retourkutsche, dass dieses Hilfreiche sich erst aus dem vom Analysanden gelieferten Material aufbauen lasse, führt zu einer Pattsituation.

Analysen dauern lange, die übliche Zeit sind 300 Stunden. Solange der Leidensdruck hoch ist, hilft es dem Kranken, dass er die Aufmerksamkeit, die er empfängt, nicht teilen muss. Aber der Gesamtprozess lässt sich oft nicht abkürzen, Leerlauf ist fast unvermeidlich. Der Patient braucht den Analytiker noch und will in der Analyse bleiben; augenblicklich aber würde er lieber zuhören als selbst etwas erzählen. Das immer nur Widerstand zu nennen scheint mir primitiv. Es ist ein Problem des Modells der Langzeitanalyse, ein Schwachpunkt in ihrer Konstruktion.* Ich denke dann an «meine» Gruppen, in denen sich solche Probleme nicht stellen. Ich kenne keine langweiligen oder desinteressierten Gruppenpatienten, denen nichts einfällt. Wenn einer schweigen will, redet ein anderer an seiner statt. Freilich kommt es vor, dass ich jemanden nicht überzeugen kann, eine Gruppe sei die beste Hilfe für ihn, oder dass ein Patient nach den ersten Begegnungen mit der Gruppe nicht mehr kommt. Das sind die Situationen, in denen ich die Gruppenarbeit als schwierig und belastend empfinde: wenn ich den Eindruck gewinne, nicht ausreichend von ihrem Wert überzeugen zu können.

Die Gruppe als solche ist fast immer interessant, motiviert, bewegt, weil sie als ein Nährboden fungiert, aus dem etwas wächst. Unter den Anwesenden – in der Regel eine typische Großfamilie, acht bis zwölf Personen, die sich lange kennen – gibt es fast immer eine Frau oder einen Mann, die gerade heute etwas klären wollen, anders als in der Einzelanalyse, in der ein Analysand den Analytiker *immer* mit Material versorgen muss, ob er das nun mag oder nicht (denn wenn er schweigt,

* Franz Alexander hat schon in den dreißiger Jahren vorgeschlagen, die Stundenfrequenz zu variieren und Analysepausen einzulegen («intermittierende Analyse»). Aber dieses Vorgehen hat auch Nachteile, weil es das analytische Klima trübt und die Vertrauensbasis schwächt, auch wenn der Klient den Vorschlag einer Analysepause bewusst akzeptiert hat.

hat auch das Schweigen eine Bedeutung). Die Gruppe entlastet den Schweigenden; sie reizt (und ängstigt), sich auszudrücken, sich auseinander zu setzen, sie gefährdet und sie beschützt. Die Mitglieder mögen den Schonraum einer professionell für sie gestalteten Beziehungssituation vermissen; es bleibt ihnen aber auch die Abhängigkeit von einem Experten erspart. Für den Schriftsteller ist die Gruppe ein Medium der Regression; in und mit ihr findet er zu den schamanistischen Formen der Poesie zurück, als das lösende, beschwörende Wort noch in einem solchen Kreis einander lange bekannter Menschen gesprochen wurde, als es noch kein Lehrbuch, kein geschriebenes Gesetz gab.

Zur Genesis der Psychoanalyse gehört auch diese Neuentdeckung befreiender Qualitäten der Sprache, des Ausdrucks von Emotionen in einer Beziehung. Goethes Torquato Tasso beschreibt diese Qualitäten der Sprache für das eigene Ich: «Und wenn der Mensch in seiner Qual verstummt, gab mir ein Gott, zu sagen, wie ich leide.» Der Psychoanalytiker findet solche Worte und Erzählungen für seine Patienten. Dass eine ganze Gruppe an diesem Prozess teilnimmt, verstärkt ihn und festigt seine Wirkungen; er ist hier erdhafter, wirklichkeitsnäher, stärker dem Alltag verhaftet als die Deutung in der Einzelanalyse.

Beate hatte von ihrer Scheidung, den Problemen ihrer fast erwachsenen Kinder und ihrer bedrückten Stimmung erzählt, die sie tagelang lähmte. Die Gruppe wurde ihr vertrauter und half ihr, sich im Alltag besser zu behaupten; Beate fürchtete sich sehr vor ihren Aggressionen und war immer wieder erleichtert, wenn sie etwas davon ausdrücken konnte und erlebte, dass der Himmel nicht einstürzte und die Gruppenmitglieder ihre Wut ertrugen, ohne sie auszuschließen. Sie war auch sehr hilfreich für andere, weil sie Verständnis für deren Empfindungen von Angst oder Zorn und ein feines Gespür für falsche Töne hatte.

Im letzten Jahr hatte die Ko-Leiterin gewechselt; die «Neue», die ihre Stellung erst erobern musste, erregte zunächst Beates Zorn; sie sehnte sich nach der sanften Vorgängerin und machte meiner überraschten Kollegin eine regelrechte Szene, die sich gut auflösen ließ, als die Erinnerung an Beates strenge Tante auftauchte, vor der sich ihre Mutter immer gefürchtet hatte.

Diese Tante war mit einem angesehenen Mann verheiratet und belehrte Beates Mutter und auch Beate selbst ungefragt über das richtige Leben. Ihren Schwager, Beates Vater, der beruflich nicht erfolgreich war und trank, verachtete diese Tante. Beate erkannte, dass sie in ihrer Wut auf die als «schulmeisterlich» empfundenen Töne der neuen Ko-Leiterin zum Teil diese frühen Gefühle wiederholte, und versöhnte sich mit meiner Kollegin. Dann kam es zu einer Szene, in der sie am Abend nach dem Ende der Sitzung als Letzte den Raum verließ und ich auf sie zuging, um den Lichtschalter zu erreichen.

Ich bemerkte nicht, dass Beate durch diese zufällige Annäherung tief verängstigt und verstört war, bis sie es in der nächsten Sitzung erzählte. In solchen Situationen wird die Übertragungsanalyse durch die Anwesenheit neutraler Zeugen sehr erleichtert; Beates Phantasie, ich könnte ein Gewalttäter, vielleicht sogar ein Lustmörder sein, wurde von anderen Gruppenmitgliedern aufgegriffen und die Szene durchdiskutiert. Andere Frauen aus der Gruppe waren früher ebenfalls mit mir noch kurze Zeit im Raum gewesen und hatten keine Gefahr empfunden.

Als Beate schließlich gefragt wurde, ob ihre Angst vor meiner körperlichen Nähe nicht auch einen sexuellen Wunsch enthalten könne, reagierte sie nicht beleidigt, sondern mit einem Lächeln und einer Wiederholung ihrer Aussage, sie habe seit ihrer Scheidung keine sexuellen Wünsche mehr, die Trennung von ihrem Mann sei schlimm genug gewesen. Sie denke wieder an ihren Vater, der sich ihr betrunken genähert habe, darüber habe sie in der ersten Analyse nie gesprochen, diese Szene beschäftige sie in letzter Zeit sehr.

Einige Wochen nach dieser Szene berichtete Beate gegen Ende einer Gruppensitzung über drei Träume:

1. «Ich spüre große Zärtlichkeit zu einem Mädchen von acht bis zehn Jahren, das ich umarmen will. Dabei stelle ich fest, dass das Kind schwer verletzt ist, die Arme sind vollständig mit Bandagen umwickelt, von denen einige zerrissen herabhängen. Ich umarme es schließlich doch, ganz vorsichtig.»

2. «Ich sehe eine Frau, eher ein Kind, ein Mädchen von vielleicht vier Jahren, in dem Kostüm einer Haremsdame, so wie Schehrezade. Sie sieht verführerisch aus.»

3. «Meine Tante sagt zu meinem Onkel: ‹Ich will, dass du mich vergewaltigst.› Er sagt ganz artig: ‹Ja!›, nimmt sie bei der Hand und geht mit ihr die Treppe hoch zum Schlafzimmer.»

Beate wartete oft bis kurz vor Schluss einer Gruppensitzung oder leitete ihren Beitrag mit einem Satz ein wie: «Ich wollte euch diesen Traum schon letztes Mal erzählen …» Sie sammelte auch gern mehrere Träume und sagte nachher, dass sie den ersten gut verstanden habe, aber der zweite sei ihr ein Rätsel. So war es auch diesmal: Den ersten Traum verstand Beate gut; das verletzte Kind ist sie selbst, sie hat in der Gruppe gelernt, vorsichtiger mit sich umzugehen und sich mehr anzunehmen als früher. Aber die beiden anderen Träume sind ihr ein Rätsel. Mit einer Haremsdame will sie nicht das Geringste zu tun haben, sie bekämpft jede Form der Abhängigkeit von einem Mann, um keinen Preis möchte sie eingesperrt sein und einem Pascha dienen. Beates Tante ist eine sehr verklemmte Person; den Wunsch, vergewaltigt zu werden, kann Beate weder mit der Tante noch mit sich selbst verknüpfen, sie hasst Gewalt, sie fürchtet sich davor, sie konnte schon neulich nicht das Geringste mit den Reden der Gruppenmitglieder anfangen, dass hinter der Angst, der Leiter könne ein Lustmörder sein, etwas wie ein Wunsch stehe. Sie wisse, dass solche Dinge in Lehrbüchern stünden, aber sie empfinde nichts dergleichen, so könne sie in solchen Spekulationen keinen Sinn entdecken.

Besonders fesselnd an Beates Träumen ist das gleichzeitige Auftreten von Extremen der Sexualisierung und der Verletzung. In dieser Suche nach dem extremsten Bild, der extremsten Reaktion drückt sich ein Bewältigungsmodus aus, der das Trauma gleichzeitig spiegelt und bekämpft. Der Traumatisierte sucht das Ideal; darin ist er dem Künstler verwandt.

Beate ist durch beides verletzt: durch den moralischen Sadismus der Prüderie und durch den Übergriff ihres Vaters. Ihre Traumbilder spiegeln eine Familiendynamik, in der die Sexualität gerade deshalb brutal und grenzüberschreitend wird, weil sexualfeindliche Normen die Lust dämonisieren.

Ein Mann, der seine männliche Rolle «hält», provoziert keine prüden Zurechtweisungen; eine Frau, die sich ihrer Weiblichkeit sicher ist, hat Prüderie nicht nötig. Ein Familienklima, das – mit oder ohne manifesten Übergriff – sexuell traumatisiert, ist gleichzeitig sexualisiert und prüde; die Prüderie ist das Negativ der Sexualisierung, ähnlich wie die Neurose das Negativ der Perversion ist. Es ist nicht die Ausnahme, dass eine neugierige Tochter irgendwann die versteckten Pornohefte oder -videos eines prüden Vaters findet, der gegen seine Kinder den Puritaner spielt. Es ist eher die Regel.

Indem Beate eine Tante, die in der Realität alle Erotik entwertete, im Traum zur sexuell überdeutlich agierenden Frau macht, identifiziert sie diese Frau (und damit auch sich selbst) mit dem sexuell übergriffigen Vater. Hören wir Beate ein wenig zu:

«Das verletzte Mädchen war vielleicht ich selber. Mein Vater hat versucht, sich mir zu nähern, immer, wenn er betrunken war. Das erste Mal war ich zehn Jahre. Was hätte ich tun sollen?

Er war gewalttätig, hat auch meine Mutter geschlagen, aber nur, wenn er betrunken war. Sie ist dann weggegangen und hat sich an einem anderen Ort Arbeit gesucht, mein Vater wusste nicht, wo wir lebten. Ich verstehe nicht, warum ich von meiner Tante träume. Meine Tante war eine schreckliche Frau, sie hat mir alles verboten. Schau nie einem Mann in die Augen, trage keinen Bikini, keinen Lippenstift. Diese Tante, die zum Onkel sagt, er soll sie vergewaltigen, die war so prüde, und ich konnte mir einfach nicht vorstellen, dass sie Liebe macht. Warum träume ich von ihr und nicht von meinen Eltern?

Das Mädchen, das wie Schehrezade aussah, hat mir gefallen. Vierjährige können verführerisch aussehen, aber sie wollen doch keinen Sex – oder doch? Ich weiß nicht, warum mein Vater das gemacht hat, ich bin zu meinen Großeltern gelaufen, weil ich Angst hatte, aber vielleicht wollte er ja gar nichts von mir, vielleicht hätte ich auch etwas machen können, dass er nicht mehr trinkt. Meine Mutter hat das auch immer wieder versucht. Er hat auch nicht immer getrunken, nur zweimal die Woche. Irgendwann hat meine Mutter gesagt: ‹Du bist nicht sicher mit dem Papa, wir gehen fort.›»

Jetzt, als hätte sie schon zu viel Zeit beansprucht, lehnt sich Beate zurück und sagt: «Ich habe genug geredet, jetzt soll jemand anders drankommen.»

Beate steht an der Schwelle eines gefährlichen Gebiets, in dem sie die erotischen Phantasien des Mädchens erforschen könnte, das fühlt, wie gestört die Familie in diesem Bereich ist, und über Abhilfe nachsinnt. Ist nun der Vater zu geil oder die Mutter zu prüde? Das Mädchen weiß davon nichts Genaues. Beate ahnt, dass beide Eltern unreif und unsicher sind. Sie würde gern etwas geben, das sie reifer und sicherer macht – aber auf der Suche nach dieser Gabe findet sie nur Unsicherheit und kommt schließlich zu dem Ergebnis, in jedem Fall einen Fehler zu machen.

Gibt sie sich dem Vater hin, ist sie eine Hure, eine schlechte Frau, der Liebesakt wird sie verletzen, ja töten. Verweigert sie sich dem Vater, dann wird er geil bleiben und seine Geilheit im Alkohol ertränken. Sie aber wird eine Frau, die ebenso prüde ist wie ihre Mutter und ebenso wenig wie diese mit Männern umgehen kann.

Die Gruppe respektiert solche Rückzüge keineswegs immer. Oft hakt jemand nach, will noch etwas wissen: «So einfach können wir dich nicht fortlassen!» Aber Beate wird ernst genommen, es ist etwas sehr Offenes, Verletzliches in den seltenen Malen, die sie länger spricht, die Gruppe reagiert darauf, niemand stellt noch Fragen.

Vielleicht beeindruckt von der Art, wie sich Beate Respekt verschafft, stellt jetzt Gertraud, eine etwa vierzigjährige Apothekerin, an die Gruppe die Frage, weshalb ihr immer alle Menschen zumuteten, sich dreinreden zu lassen. Ihre fünfzehnjährige Tochter sage, sie solle nicht mehr in die Gruppe gehen, sondern lieber einen Bauchtanzkurs machen; die Heilpädagogin, welche ihre behinderte Tochter betreue, verlange von ihr, hinter einem Einwegspiegel zu sitzen und genau Acht zu geben, wie man es richtig mache; ihre Partnerin in der Apotheke rede ihr zu, wie man Kunden behandeln müsse, obwohl sie doch länger dort arbeite und noch nie Probleme gehabt habe. Am schlimmsten sei ihr Mann, der die behinderte Tochter ohrfeige, wenn sie einen Teller zerbrochen habe, und nachher ihr vorwerfe, sie habe das Kind schlecht erzogen.

Man könnte auf Gertrauds Frage antworten: Andere wollen dich beeinflussen, weil du nicht genügend selbstbewusst bist, sondern immer Sicherheit in der Übereinstimmung oder im Trotz suchst. Aber diese Antwort ersetzt im Grunde nur eine Frage – «Warum reden mir die Menschen drein?» – durch eine andere: «Warum bin ich so wenig selbstbewusst?» Immerhin ergibt eine solche Umwandlung der Fragestellung auch

Chancen, in neuen Richtungen zu suchen und die Opferrolle («Mir wird dreingeredet») durch eine Täterrolle zu ergänzen («Ich bin unselbständig und suche Halt in Übereinstimmung und/oder Trotz») – wobei Gertraud jederzeit bestreiten würde, unselbständig zu sein, und jederzeit zugeben würde, dass sie zu Trotzreaktionen neigt. Gertraud und Beate verstehen sich gut; an diesem Abend schließt sich Gertraud mit einem Traumbericht an:

Sie hat von Martin Bormann, dem gefährlichen Nazi, geträumt, der ein Kind verfolgt habe, das keine richtigen Papiere hatte. Sie habe versucht, das Kind vor dem Verfolger zu schützen, aber er habe sie beiseite gestoßen. Der Nazi sei wohl ihr Mann. Jetzt fällt Gertraud ein zweiter Traum ein, der schon lange zurückliegt. Einige Wochen vor ihrer Eheschließung träumte sie, ihr Mann packe sie nach der Hochzeit, schleife sie in ein Bordell und erschieße sie dann.

Sie sei katholisch erzogen. Immer, wenn sie die Ehe infrage stelle und fortlaufen wolle, tauche der Gedanke auf: Du wusstest, worauf du dich einlässt, du hast geträumt, was er macht, und hast ihn trotzdem geheiratet.

Die Gruppe konzentriert sich zunächst auf Gertrauds Ehe. Beate und einige andere Frauen äußern Mitgefühl, finden den Mann böse, diskutieren eine Trennung. Gertraud widerspricht; sie könne das schon allein wegen der Kinder nicht tun. Auch sei sie selbst aggressiv genug, sie lasse sich nichts gefallen.

Die Frage, ob sie viel Angst vor der Ehe gehabt habe und unerfahren gewesen sei, scheint ebenfalls nicht weiterzuführen. Keineswegs, sagt Gertraud; sie habe mit dreißig Jahren geheiratet, sexuelle Erfahrungen gehabt, Sexualität sei nach wie vor das Einzige, was zwischen ihr und ihrem Mann gut funktioniere.

Schließlich frage ich nach der Ehe von Gertrauds Eltern. Ich will wissen, ob sich nach ihrem Eindruck ihre Eltern geliebt hätten?

Zögernd erzählt Gertraud, dass ihre Mutter ihren Vater wohl nicht geliebt habe. Er sei Soldat gewesen, viel älter als die Mutter, die bei der Hochzeit kaum zwanzig und von der eigenen Mutter nicht aufgeklärt war. Soviel Gertraud sich erinnert, schliefen die Eltern immer getrennt: die Mädchen bei der Mutter, die Söhne beim Vater. Sie ist die Jüngste. Nach ihrer Geburt war die Mutter krank, weil etwas von der Plazenta zurückgeblieben war. Gertraud wuchs bei den Großeltern auf. Als sie nach vier Jahren zur Mutter zurückkam, verweigerte sie das Essen und wäre fast verhungert.

Wie haben sich die Eltern denn kennen gelernt?

Gertraud ist verlegen, das sei eine komische Geschichte. Ihre Großmutter hätte den Mann, der als Meister in demselben Betrieb wie sie gearbeitet hatte, als Schwiegersohn ausgesucht und ihm immer Feldpostbriefe geschrieben. Nach dem Krieg redete sie der Tochter so lange zu, bis diese den Heimkehrer heiratete. Die Ehe war unglücklich, die Sexualität erlosch früh, der Vater wurde depressiv und trank, die Mutter erkrankte an einer Zwangsneurose mit Wasch- und Putzritualen. Gertraud empfand die Schule als Freiraum, sie lernte gut, distanzierte sich, so weit sie konnte, von der Mutter und den Geschwistern, hat heute wenig Kontakt zu ihnen (der Vater starb früh) und hatte ohne mein Nachfragen gewiss nichts von ihnen erzählt. Die eingangs geschilderten Probleme mit dem Tenor: «Alle reden mir drein» belegen das verletzte Selbstgefühl. Gertraud hat es nicht leicht, sich selbst als gut genug zu imaginieren und einen Ruhezustand beziehungsweise eine Position einzunehmen, in der sie nicht von außen verunsichert und zu neuen Anpassungsanstrengungen gezwungen wird, gegen die sie sich nicht wehren kann.

Der «prophetische» Traum vor der Hochzeit greift Phantasien des Kindes auf, das versucht, sich die Hochzeit der Eltern vorzustellen. Soldaten gehen in Bordelle und töten Menschen;

die eigene Mutter ist durch einen Bo(h)rmann verwundet und krank gemacht worden. Die Ehe ist das Ende der Freiheit, der Beginn von Unterwerfung, Zwang und Kampf gegen Zwang. Die Ehe verwandelt den Geliebten in den Blaubart. «Warum habe ich mir nur diesen Mann ausgesucht?», fragt Gertraud. «Alle sagten mir, er sei schwierig, ich habe davon geträumt, was er mit mir anstellen kann, seine Mutter und sein Bruder haben mich gewarnt, ich habe miterlebt, wie er seine frühere Freundin angeschrien hat. Damals hat er mir ganz offen gesagt, er müsse sich von der trennen, sonst gebe es noch Mord und Totschlag.»

«Ein Mann, der einfach zu haben und pflegeleicht ist», sagt die Ko-Leiterin. «Der steigert doch auch das Selbstgefühl nicht so, wie es die Zähmung eines ganz Schwierigen verspricht!»

«Bormanns» Mordlust gegen das Kind spiegelt Gertrauds Hass auf die Mutter, die ihr die geliebte Großmutter nahm. Das Naziregime symbolisiert eine verfolgende, kastrierende, mordende Mutter; gleichzeitig zeigt der Hochzeitstraum, wie gefährlich für Gertraud der Ehestand ist, den andere als Tor zur Geborgenheit phantasieren. Ehe ist Prostitution, Prostitution ist Mord; Ehe ist KZ.*

An solchen Geschichten wird deutlich, wie sehr sexuelle Wünsche ängstigen, sobald die Eltern nicht das «gute Paar» verkörpern, das diese Bedürfnisse integrieren kann. Die entwertete, mit Ängsten verbundene sexuelle Lust ist später nur unter idealisierten Bedingungen erlaubt: unter der Anstren-

* Es gibt noch einen weiteren, psychohistorischen Aspekt: Der Vater hat vielleicht wirklich grausame Dinge im Krieg getan, jedenfalls miterlebt und hat sie mit zu verantworten. In Gertrauds Psyche spiegelt sich das wohl am meisten in Störungen der Aggressionsverarbeitung. Der traumatisierte Vater konnte seine Aggressionen als Ehemann nicht steuern, er zog sich zurück, überließ der Mutter das Feld, betäubte sich. So hat auch Gertraud kein Bild von gelingender Wehrhaftigkeit – sie gibt nach oder trotzt, ist aber mit beidem unzufrieden.

gung einer Eroberung, im Kampf gegen Schwierigkeiten, als Ruhepause in der Suche nach dem Unmöglichen, als Versöhnung nach einem Streit. Sie blüht, wenn ein Partner umkämpft ist, welkt, sobald man mit ihm das Schlafzimmer der gemeinsamen Wohnung betritt.

Allein gelassen, erfindet Gertrauds Traum-Ich eigene Gruselmärchen, um sich im Erwachen trösten zu können: Ganz so arg, wie er es im Traum treibt, wird der reale Ehemann nicht sein.

Der Traum Gertrauds spiegelt das Märchen vom Räuberbräutigam. Dieses ist eine der vielen Variationen des Blaubart-Motivs. Wir können in solchen Geschichten Vorläufer der heutigen Splatter-Filme sehen, in denen Vampire und Zombies nach Opfern suchen. Auch hier liegt der Lustgewinn darin, aus der bösen Kinowelt in einen längst nicht so argen Alltag zurückzukehren.

Die Geschichte, in der Urfassung der Brüder Grimm die 40. des ersten Bandes, geht so: Eine Prinzessin wird einem Prinzen versprochen, dessen Schloss mitten in einem finsteren Wald liegt. Nach langem Zögern fasst sie endlich den Mut, ihn zu besuchen, findet auch glücklich ein großes Haus, das aber ganz verlassen ist; nur eine alte Frau sitzt vor der Tür. Die Prinzessin fragt nun, ob der Prinz, ihr Bräutigam, hier wohne. Die Alte bejaht, berichtet aber zum Entsetzen der Braut, sie habe großes Glück, dass der Bräutigam nicht hier sei. Denn die Alte habe Wasser für einen großen Kessel herbeitragen müssen, um die Besucherin darin zu sieden und hernach zu essen.

Kaum hatte sie die Schreckensbotschaft gehört, kam der Prinz mit seinen Spießgesellen nach Hause. Die Prinzessin versteckte sich im Keller hinter einem großen Fass. Die Räuber hatten die Großmutter der Braut gefangen, schleppten sie herbei, ermordeten sie und zogen ihr alle Ringe von den Fingern. Ein Ring wollte nicht abgehen, da griff einer zum Beil und hackte den Finger ab; dieser aber sprang hinter das Fass und fiel der Prinzessin in den Schoß. Nun suchten die Spitzbuben nach dem Finger, aber bevor sie hinter das Fass kamen, sagte einer, sie wollten morgen bei Licht noch einmal suchen.

So entkam die Prinzessin und erzählte alles ihrem Vater. Dieser gab den Befehl an seine Soldaten, das Schloss vor dem nächsten Besuch des Räuberbräutigams zu umzingeln. Dann erzählte an der festlichen Tafel die Braut, sie habe einen schweren Traum gehabt, und erzählte als Traum, was ihr widerfahren war. Als sie schließlich zur Szene mit dem Finger kam, rief sie: «Und hier hab ich den Finger!», zog ihn aus der Tasche und zeigte ihn dem Bräutigam. Der war immer bleicher geworden, während sie erzählte; als er den Finger sah, sprang er auf und floh durch das Fenster, aber die Wache fing ihn und seine Gesellen, und sie wurden alle hingerichtet.

Diese Geschichte ist voller Symbolik; es geht in verschiedenen Abwandlungen um Trennungs- und Todesangst. Die Prinzessin muss den Weg in den dunklen Wald zum Räuberhaus wagen, um ihren Mann kennen zu lernen. Beschützt wird sie von einer mitleidigen Mutter, die sie lehrt, sich vor der kannibalischen Bedrohung zu verbergen. Eine andere – ihre «Großmutter» – wird getötet; der (Ehe-)Ring, Symbol der Treue, geht nicht vom Finger. Darauf wird der Finger abgehackt. Er ist das magische Objekt, mit dessen Hilfe sich die Prinzessin von dem Bösen befreit. Sie hat einen Blick in die Abgründe männlicher Gewalt getan, hat erlebt, dass es schützende Gegengewalt gibt. Sie ist nicht mehr naiv, sie hat den Preis für einen Reifungsschritt bezahlt. Auch diese Geschichte formuliert das Grauen des Kindes angesichts der Tatsachen der Sexualität.

2 DAS MÄRCHEN VON TAUSENDUNDEINER NACHT*

«Die bei dieser Pubertätsverdrängung des Weibes
geschaffene Verstärkung der Sexualhemmnisse ergibt
dann einen Reiz für die Libido des Mannes
und nötigt dieselbe zur Steigerung ihrer Leistungen:
mit der Höhe der Libido steigt dann auch
die Sexualüberschätzung, die nur für das sich weigernde,
seine Sexualität verleugnende Weib in vollem Maße
zu haben ist.»

S. Freud, Drei Abhandlungen zur Sexualtheorie, GW V, S. 122

Es wird berichtet, dass in weit entschwundenen Zeiten ein König vom persischen Geschlecht der Sassaniden lebte, ein Herr der Krieger und Mannen, der Diener und Knechte, dessen Reich bis Indien und China reichte. Er hatte zwei Söhne; beide waren sehr tapfere Männer, doch der ältere, Schehrijar, war tapferer und wurde sein Nachfolger, während sein jüngerer Bruder, Schahzaman, als König in Samarkand herrschte. So regierten die beiden Brüder zwanzig Jahre lang herrlich und in Freuden. Eines Tages bekam der Ältere Sehnsucht nach seinem Bruder, rief seinen Wesir und befahl ihm, nach Samar-

* Vom Autor frei nacherzählt nach der Übersetzung aus dem Arabischen von Enno Littmann, Die Erzählungen aus den Tausendundein Nächten, Vollständige Ausgabe in sechs Bänden, Insel-Verlag, o. J. Die Formulierung «tausendundeine» kommt wohl aus der türkischen Überlieferung. Als die osmanischen Sultane die Macht im einst arabischen Reich übernahmen, setzte sich auch die türkische Formulierung *bin bir* – «tausendundein» für «unendlich viele» durch. In Istanbul gibt es eine Stätte mit «Bin-Bir»-Säulen, wo sich keineswegs tausend Säulen befinden. Die Übersetzung hätte ursprünglich lauten müssen: «Unendlich viele Geschichten».

kand zu reisen und den Bruder zu bringen. Dieser sagte: «Ich höre und gehorche», machte sich auf den Weg und überbrachte die Botschaft. Auf die Nachricht hin, dass sich sein Bruder nach ihm sehne und seinen Besuch wünsche, sagte jener: «Ich höre und gehorche.» Er ließ die königliche Karawane vorbereiten, setzte einen Wesir ein und machte sich auf den Weg.

Als er einen Tag gereist war, fiel ihm ein, dass er etwas vergessen hatte. Er kehrte um und ging eilig in sein Schloss. Dort fand er seine Gemahlin, wie sie einen hergelaufenen schwarzen Sklaven auf seinem Bett umarmt hielt. Darauf zog er sein Schwert, tötete beide und kehrte zu seinem Gefolge zurück. Sie reisten fort, bis sie in die Stadt des Bruders kamen. Dieser freute sich herzlich, die Stadt wurde geschmückt, Feste wurden gefeiert, aber der Besucher war bleich und kränkelte. Schahzaman konnte nicht vergessen, was seine Gemahlin getan hatte. Er schämte sich aber und erzählte seinem Bruder nicht, was ihn plagte. Dieser versuchte ihn aufzuheitern, richtete eine große Jagd aus und lud ihn ein mitzukommen. Doch der Bruder lehnte ab, sodass der König allein aufbrach.

Als er fort war und alle im Palast dachten, der Gast sei mit ihm geritten, sah Schahzaman aus seinem Fenster, wie sich die Palasttür öffnete und zwanzig Sklavinnen und zwanzig Sklaven herauskamen, mitten unter ihnen die Königin, eine wunderschöne Frau. Sie schritten zu einem Springbrunnen; dort entkleideten sie sich, und die Sklavinnen setzten sich zu den Sklaven. Dann rief die Königin: «Masud!», da kam ein schwarzer Sklave, umarmte sie und legte sich zu ihr. Ebenso taten es die anderen Sklaven mit den Sklavinnen, und so trieben sie es den ganzen Tag.

Als der Bruder des Königs dies sah, sagte er bei sich: «Bei Allah! Mein Leid ist leichter als dies Leid.» Da war er von seiner Eifersucht befreit und vergaß seinen Gram und aß und trank nach Herzenslust.

Als der König zurückkam und seinen Bruder geheilt sah, wollte er wissen, was geschehen war. Dieser erzählte ihm freimütig von seinem eigenen Schicksal und erst auf das größte Drängen des Königs hin von dem Betrug seiner Gemahlin. Dieser sagte: «Ich will es mit eigenen Augen sehen!» So ging er ein zweites Mal zur Jagd, kehrte aber in einer Verkleidung zurück und setzte sich neben seinen Bruder an das Fenster. Und in der Tat sahen sie dasselbe Schauspiel wie das letzte Mal. Da ward König Schehrijar wie von Sinnen und sagte: «Auf, lass uns fortziehen, so wie wir sind, wir brauchen keine Königswürde mehr, bis wir jemanden treffen, dem es wie uns ergangen ist! Sonst wäre der Tod besser für uns als das Leben!»

So zogen sie hinaus und wanderten Tag und Nacht, bis sie zu einer Quelle kamen, die unter einem hohen Baum mitten in einer Wiese am Rand des Salzmeeres lag. Sie tranken sich satt und rasteten, da wallte das Meer auf, und sie sahen aus ihm eine schwarze Säule aufsteigen, die sich bis zum Himmel reckte und genau auf sie zukam. Erschreckt kletterten sie auf den Baum und versteckten sich in den Zweigen. Sie sahen nun einen riesigen Dämon mit breiter Stirn und Brust, der eine Truhe auf dem Kopf trug. Er stieg an Land, näherte sich dem Baum, setzte die Truhe ab, öffnete die Schlösser, nahm daraus eine Schachtel und aus der Schachtel ein schlankes Mädchen von strahlender Schönheit. Als der Dämon sie sah, sagte er zu ihr: «O Herrin der Keuschheit, die ich in der Hochzeitsnacht entführt habe, ich möchte schlafen.» Darauf legte er sein Haupt in ihren Schoß und schlief ein. Die Maid aber sah um sich und entdeckte die beiden Männer in der Baumkrone. Sie winkte ihnen herabzusteigen; als sie sich weigerten, drohte sie ihnen, den Dämon zu wecken. Als sie vor ihr standen, entblößte sie sich und sagte: «Stechet einen starken Stich, sonst wecke ich den Dämon auf!» In seiner Furcht sagte König Schehrijar zu seinem Bruder, dem König Schahzaman:

«Bruder, tu du, was befohlen ist!» Der aber erwiderte: «Ich tu es nicht, du tust es denn zuerst!» So winkte einer dem anderen zu, ihr zu Willen zu sein, sie aber sagte: «Was seh ich euch winken? Wenn ihr nicht beide vortretet und handelt, so wecke ich den Dämon auf.»

In ihrer Angst taten die beiden, was sie wollte, und als sie fertig waren, sagte sie: «Erhebt euch!» Dann nahm sie ihnen ihre Ringe ab und holte einen Beutel hervor, aus dem sie eine Schnur herausnahm, an der fünfhundertundsiebzig Ringe waren. Sie erklärte ihnen, die Besitzer all dieser Ringe seien ihr zu Willen gewesen. «Dieser Dämon hat mich in meiner Brautnacht entführt; dann hat er mich in eine Schachtel gesteckt und die Schachtel in eine Truhe, vor die er sieben starke Schlösser legte, und so hat er mich auf den Boden des Meeres gelegt. Aber er wusste nicht, dass eine jede von uns Frauen, wenn sie etwas durchsetzen will, sich durch nichts zurückhalten lässt.»

Als die beiden Könige dies vernommen hatten, waren sie sehr erleichtert, denn dem Dämon war noch ein weit schlimmeres Schicksal widerfahren als ihnen. So eilten sie fort und kehrten an den Hof des Königs Schehrijar zurück. Dieser ging in sein Schloss und schlug seiner Gemahlin, den Sklavinnen und Sklaven den Kopf ab. Von nun an nahm König Schehrijar jede Nacht eine Jungfrau zu sich, schlief mit ihr und tötete sie am Morgen, um seiner Ehre sicher zu sein, und so geschah es drei Jahre lang, bis sein Volk in Aufruhr geriet und alle Familien mit Töchtern aus der Stadt flüchteten. Der König befahl nun seinem Wesir, ihm wie gewöhnlich eine Jungfrau zu bringen. Dieser suchte überall, fand aber keine und kehrte betrübt nach Hause zurück, denn er fürchtete um sein Leben.

Der Wesir hatte zwei Töchter, die älteste hieß Schehrezade, die jüngere Dinazad. Die Ältere hatte alle Bücher gelesen, alle Annalen und Weisheitslehren, Dichterwerke und Geschichten von entschwundenen Völkern; es heißt, dass es über tausend

Werke waren. Sie versprach nun dem Vater, den König zu bezähmen, und ließ nicht ab von ihrem Vorhaben, obwohl er ihr Schläge androhte. Dann ließ sie sich als Braut schmücken, weinte aber, ehe der König mit ihr schlafen konnte, und setzte so durch, dass er nach ihrer Schwester schickte, damit sie sich von ihr verabschieden könne. Die Schwester saß zu Füßen des königlichen Lagers, als der Herrscher Schehrezade entjungferte. Als sie nachher beisammensaßen und plauderten, bat Dinazad ihre Schwester, ihr eine Geschichte zu erzählen, und mit Zustimmung des Königs geschah es so. Die Zahl der Nächte, die Schehrezade durch ihre Märchen am Leben bleiben durfte, entsprach der Zahl jener Nächte, an deren Ende der König eine Jungfrau nach der anderen enthauptet hatte.

Nach tausend Nächten hatte Schehrezade dem König drei Söhne geboren – einer konnte laufen, einer kroch, der dritte lag an ihrer Brust. Und jetzt bat sie ihn um ihr Leben, denn wer sonst sollte seine Söhne erziehen? Der König dankte ihr gerührt, er hatte sich das selbst schon so überlegt. Er pries ihre Tugend, widerrief seinen grausamen Entschluss, beschenkte den Wesir mit einem Ehrengewand und ließ ein großes Fest feiern, zu dem alle geflohenen Jungfrauen zurück in die Stadt kamen. Dass er den Ermordeten unrecht getan hat und ihn die beraubten Familien hassen, ist nirgends erwähnt; das Ende seiner grausigen Willkür wird gefeiert wie der Frühling nach einem finsteren und frostigen Winter.

Die Rahmenerzählung der orientalischen Märchensammlung zerfällt in vier Themen:

1. Die Geschichte vom gehörnten Ehemann, der von seinem unerträglichen Schmerz dadurch geheilt wird, dass er sieht, dass es einem Höherstehenden noch schlimmer ergeht als ihm selbst.

2. Die Geschichte vom Dämon (oder Riesen), der eine Frau

raubt, die ihn dann in kühner Weise hintergeht. Sie kommt in abgewandelter Form noch einmal in den Tausendundein Nächten vor (Band IV, S. 353 f. der Insel-Ausgabe) und existiert in zahlreichen Abwandlungen und Parallelen.

3. Die Geschichte von der kühnen und klugen Jungfrau, die ihrem Vater aus einer Klemme hilft – sie ist ebenfalls weit verbreitet; es gibt eine Variante auch in der Sammlung der Brüder Grimm.

4. Die Geschichte vom Ritter Blaubart, der um Jungfrauen wirbt und diese in einem verborgenen Zimmer seines Schlosses zerstückelt.

Das Märchen war schon immer ein Mittel, das Unsagbare zu sagen und das Verborgene spielerisch aufzudecken. Die Erzählung belehrt uns über die Macht der Sexualität. Sie macht Männer unberechenbar und Frauen zügellos; die Lust hält sich an keine Regel und gefährdet deshalb das, was durch die musterhafte Erfüllung der sozialen Normen aufgebaut ist: das Selbstgefühl. Daher entlastet der sofortige Totschlag den König von Samarkand nicht. Zwar hat er seine schöne Gemahlin und den schwarzen Sklaven ausgelöscht, aber er kann es mit seinem Selbstbild – seiner Würde – nicht vereinbaren, dass gerade ihm geschehen ist, was geschah. Daher fressen Zorn und Gram an ihm; sein Rachebedürfnis ist mit dem Mord an der treulosen Gemahlin und ihrem Gespielen nicht gestillt, sondern es droht nun ihn selbst zu verzehren, er verliert den Appetit und wird täglich kränker.

Natürlich kann der kleine König dem großen König nicht sagen, was ihm widerfahren ist; es würde ihm den letzten Rest seiner Selbstachtung rauben. Erst als er sieht, dass es dem großen Bruder noch schlechter ergeht als ihm, schmeckt ihm das Essen wieder, und er genest. Er hat, wie es die ansteckende Magie zu allen Zeiten wusste, das Übel weitergeleitet zu einem anderen, der jetzt damit zu kämpfen hat; eigentlich müsste er diesen gar nicht mehr auf seiner Suche begleiten, denn er selbst hat ja schon den Größeren gefunden, der noch mehr Schaden an seinem Narzissmus litt, und ist deshalb ebenso genesen wie sein großer Bruder erkrankt. Doch Rettung naht: Der Dämon, unendlich machtvoller als beide, wird auch noch unendlich schamloser und berechnender betrogen.

Die Geschichte von dem riesigen Dämon, der mit seiner verschlossenen Truhe dem Meer entsteigt, variiert andere Geschichten, jene von der Aphrodite Anadyomene, der aus dem blutigen Schaum der Kastration des Uranos geborenen Göttin der Schönheit, der Lust und der Liebe, und jene von Pandora, in deren Büchse – dem Genitalsymbol – alle Übel der Welt gefangen sind: Alter, Treulosigkeit, Neid, Krankheit und Tod. Pandora entlässt sie durch ein Ungeschick in die Welt, der Menschheit zur Plage. Wenn die Gefangene des Dämons droht, ihn aufzuwecken, dann können wir uns ohne Mühe in die ängstliche Lust der beiden Männer versetzen, die von dem Baum der Erkenntnis herabgeklettert sind und sich nun der Schlange ausliefern müssen.

Auf der Suche nach weiblichen Gegenbildern des Don Juan bin ich einmal bei Zenaida Hippius fündig geworden, einer russischen Dichterin und Ehefrau des Schriftstellers Dmitri Mereschkowski, der einen viel beachteten Roman über Leonardo da Vinci schrieb.* Diese Zenaida trug eine goldene Kette aus Eheringen, Ringen, die sie potenziellen Liebhabern mit dem Versprechen auf ein Schäferstündchen abgeschwatzt hatte. Es ging ihr um das Symbol; die Liebesnächte, welche in Tausendundeine Nacht so glühend geschildert werden, hat sich Zenaida erspart. Aber die Männer waren ihrer Treue**

* Vgl. W. Schmidbauer, Freuds Dilemma. Die Wissenschaft von der Seele und die Kunst der Therapie. Reinbek 1999.

** *Fede* (Treue) ist das Wort, mit dem in Italien der Ehering bezeichnet wird.

beraubt, sie hatten sich als verführbar erwiesen, das schien Zenaida kostbarer als die reale Lust.

Es gibt drei Sprachverwirrungen in der Erotik, die wir konstatieren, aber nicht durch geschickte Übersetzungen auflösen können.

Die erste betrifft die Schmerzlust. Für die Partner von Sadisten oder Masochisten, welche nicht die korrespondierende Einstellung haben, bleibt solches Begehren fremd und flößt Angst ein.

Die zweite Sprachverwirrung ist die von Sándor Ferenczi beschriebene zwischen dem sexuell erregten Erwachsenen und dem Kind. Das Kind wünscht sich, in der Sprache der Zärtlichkeit angesprochen zu werden; der Erwachsene antwortet in der Sprache der sexuellen Leidenschaft. So wird er für das Kind unverständlich und bedrohlich, auch wenn er glaubt, es zu lieben, und ihm Leid ersparen möchte.

Die dritte Sprachverwirrung betrifft den Dialog zwischen Eifersucht und Untreue. Die Eifersucht unterstellt der Untreue eine Grausamkeit, welche die Untreue in sich nicht findet. Eine treulos Gescholtene mag in sich die Kraft fühlen, zwei Menschen zu lieben. Es nützt ihr nichts, sie kann den Eifersüchtigen nicht überzeugen, der behauptet, wer auch nur die geringste Liebe, Anhänglichkeit oder Respekt empfinde, könnte niemals treulos sein.

Die männliche Größenphantasie

Das Bild vom verletzten männlichen Selbstgefühl, das erst Trost findet, wenn einem Größeren noch übler mitgespielt wurde, enthält eine tiefe Einsicht in die Kräfte des Narzissmus. Seine Struktur wird durch eine Vorstellung von Grandiosität bestimmt, die sich im Alltag manchmal zu der bescheiden klingenden Bemerkung ermäßigt, man wolle ja nur ganz wenig, es müsse doch nur *normal* zugehen: «Jeder normale Mensch versteht doch unter Liebe dasselbe wie ich.»

Erst wenn auch ein Größerer und Mächtigerer verletzt wurde, findet der Beleidigte Ruhe. Er kann die Erniedrigung seiner eigenen Größe annehmen, da ein Größerer noch mehr erniedrigt wurde.* Diese Dynamik verrät auch den Zusammenhang zwischen narzisstischer Kränkung und Verwöhnung, der zum Verständnis der entsprechenden Störungen wesentlich ist. Wer zu viel Macht erhält, muss nicht lernen, mit den Grenzen seiner Macht auszukommen. Er kann sich nicht darin üben, Einschränkungen zu ertragen; in ihm wird eine primitive narzisstische Struktur belebt.

Als ein möglicher Thronerbe unter vielen war Caligula ein gewinnender junger Mann. Kaiser geworden, verfiel er dem Machtrausch; nach ihm wurde der «Cäsarenwahn» benannt. Ein Beispiel, das uns historisch näher steht, ist König Ludwig II. von Bayern. Auch hier wurde ein schwärmerischer, liebebedürftiger und hoch begabter Prinz durch einen Mangel an Führung in seiner Umgebung und allzu frühen Machtgewinn in seinen primitiven narzisstischen Strukturen so stimuliert, dass er schließlich in einer Traumwelt regierte und manisch als Kulisse seiner Größenphantasien Schlösser bauen ließ.**

Die Menschen, die heute im heftigsten – meist gegen das eigene Selbst gerichteten – Wüten nach einer Liebesenttäuschung Hilfe suchen, haben selten erlebt, wie sich Hunger und Not anfühlen. Sie sind beschützt und gut versorgt in der

* Diese Dynamik wirkt auch in der großen Beliebtheit von Klatschgeschichten, welche «Größen» der Medienwelt erniedrigen.

** Johannes Kemper und Wolfgang Schmidbauer, «Ein ewiges Rätsel will ich bleiben mir und den anderen!» Wie krank war König Ludwig wirklich? München (Bertelsmann) 1984.

Illusion aufgewachsen, dass sie die Welt und ihre Beziehungen im Griff haben. Umso schwerer fällt es ihnen zu akzeptieren, dass es zum Leben gehört, die Flüchtigkeit der Liebe und die Vergänglichkeit der erotischen Bindungen zu ertragen.

3 MORDSLIEBE. ZUR RETTUNG DES SEXUELLEN SELBSTGEFÜHLS DURCH GEWALT

… da fand er seine Gemahlin auf dem Lager ruhend, wie sie
einen hergelaufenen schwarzen Sklaven umschlungen hielt.
Als er das sah, da ward ihm die Welt schwarz vor Augen,
und er sprach bei sich: ‹Wenn dies geschehen ist,
während ich die Stadt noch nicht verlassen habe,
wie wird diese Verruchte es erst treiben,
wenn ich lange bei meinem Bruder in der Ferne weile?›
Darauf zog er sein Schwert und schlug
die beiden auf dem Lager tot.

1001 Nacht, Insel-Ausgabe, S. 20

Zum Wesen der erotischen Interaktion scheint es zu gehören, dass Gewalt überall dort ausgeübt und/oder erlebt wird, wo es den Partnern nicht möglich ist, sich zu verständigen und zu einigen. Ich verwende diese komplizierte Ausdrucksweise, weil es zur fehlenden Einigung gehört, dass auch nicht geklärt werden kann, ob erlebte Gewalt auch beabsichtigte Gewalt ist. Ist die Drohung der Geliebten des Dämons, das Ungeheuer zu wecken und die Besucher seinem Zorn preiszugeben, Gewaltanwendung? Bereits darüber können sich Täterin und Opfer womöglich nicht einigen. Ein Patient sprach von der «Gewalttätigkeit» seiner Geliebten, wenn sie sich ihm sexuell verweigerte. Er hing sehr an ihr und hat sie nie geschlagen; aber er schrie sie an, bis er heiser war; die Gewalt in *seiner* Kränkung war spürbar.

Die Durchmischung von Sexualität und Gewalt ist so bedrückend, dass Gegenillusionen aufgebaut werden. Sie besagen, dass Gewalt und Sexualität nichts miteinander zu tun haben und alle Missverständnisse vermieden werden können, wenn politisch korrekt vor jeder körperlichen Annäherung das verbale Einverständnis des Partners eingeholt wird. Aber viele Paare wollen gerade auf die emotionalen Qualitäten von sprachloser Geste und leidenschaftlicher Überwältigung nicht verzichten. So bleibt die Grenze zwischen ersehnter und unerwünschter Überwältigung schwer auffindbar. Nicht selten gerät ein Sexualpartner in einen Bann und kann sich nicht wehren. Er/sie stimmt zu, ohne es zu wollen. Ich spreche von den Fällen des sexuellen Missbrauchs von Kindern und Schutzbefohlenen (wie den Patienten von Ärzten oder Psychotherapeuten), in denen es neben den Fällen von eindeutiger Brutalität Beispiele dafür gibt, dass auch scheinbar begeisterte Zustimmung dem Akt nichts von seiner traumatisierenden Qualität nimmt.

Personen, die nicht durch das verinnerlichte «gute Paar» geschützt sind, werden durch den Auftritt der Sexualität auf der seelischen Bühne immer bedroht und womöglich verletzt. Wenn sie sich weigern, fühlen sie sich schuldig; wenn sie nachgeben, ausgebeutet oder gequält. Beinahe-Opfer wie Beate, deren Traum von Schehrezade uns beschäftigt, ringen noch Jahrzehnte später mit der Frage, ob sie durch ihre Hingabe den traumatischen Verfall ihrer Elternbilder hätten aufhalten können und sich durch ihre Verweigerung schuldig gemacht haben.

Nicht die Lust (oder der Verzicht auf sie) inszeniert die Gewalt in der Erotik, sondern die Kränkung. Gekränkter Stolz lässt König Schahzaman von Samarkand die Frau enthaupten, die er doch liebt; gekränkter Stolz treibt König Schehrijar und ihn auf ihre Pilgerschaft. Sobald Schehrijar erkennt, dass sein verletztes Ich-Ideal sich im Schatten eines noch größeren und noch stärker verletzten Ideals erholen darf, kann er sich zwar wieder in sein Reich begeben, aber er ist an ein grausames Ritual gefesselt, das seinen Schmerz jedes Mal neu belebt, indem es verspricht, ihn nicht zu wiederholen.

Was mit Schahzaman geschah, wissen wir nicht. Wenn wir uns nicht damit bescheiden, dass er nur um der dramatischen Steigerung willen in die Geschichte aufgenommen wurde, können wir doch festhalten, dass seine Heilung besser gelang als die seines älteren Bruders. Denn während dieser sich nur an dem übermächtigen und übermächtig betrogenen Dämon trösten konnte, weist uns das Märchen darauf hin, dass Schahzaman stärker entlastet ist, da es doch seinem eigenen, in geheimer Rivalität verehrten großen Bruder schlimmer ergeht als ihm selbst.

Kränkbarkeit in der Erotik, traumatische Belastung, wenn Liebe zurückgestoßen und entwertet wird, das sind Teile des «allgemeinen Leids», mit dem sich beide Geschlechter auseinander setzen müssen. Ein von dieser Kränkbarkeit freier Geist ist das Ziel spiritueller Bewegungen. Die großen monotheistischen Religionen hingegen schufen Machtapparate. Hier wird die Kränkung nicht transzendiert, sondern funktionalisiert; neben dem Paradies der Liebe gibt es, narzisstisch höchst bedeutungsvoll, meist auch ein Paradies der Rache: die Hölle.

Zur Konstruktion des Selbstgefühls und zu seinen Gefährdungen

Der Sehnsucht nach Sicherheit begegnen wir so oft, dass wir versucht sind, sie für allgemein gültig zu halten und sie über der Geschichte anzusiedeln. Wenn in einer Gruppe ein Mann lange genug darüber räsoniert hat, dass er einfach den rechten Beruf nicht gefunden hat, in dem er endlich zur Ruhe kommen könnte, wenn eine Frau über ihre vergebliche, immer wieder nach aussichtsreichem Beginn gescheiterte Suche nach der wahrhaft guten, ein Leben lang sicheren Beziehung berichtet, kommt es irgendwann zu dem Punkt, an dem die Individuen wie überführt, eher bedrückt als erleichtert, ihr längst gesammeltes Wissen erneut entdecken: Ich weiß schon, es liegt eigentlich an meinem Selbstgefühl. Ich trage zu wenig Sicherheit in mir, ich bin nicht selbstsicher genug.

Nach einer klassischen Unterscheidung der Soziologie lassen sich «Gemeinschaft» und «Gesellschaft» differenzieren (Ferdinand Tönnies). Die Gemeinschaft betrifft das Gute der «alten Zeit», die enge, nachbarschaftliche Fürsorge, Kontrolle und Geborgenheit. Wer in ihr lebt, gewinnt sein Selbstgefühl nicht aus einem gegen die anderen gesetzten Empfinden von Individualität, sondern aus seiner Geborgenheit in der Gruppe.

Die Gesellschaft ihrerseits lässt sich mindestens in eine moderne und eine postmoderne Form teilen. Die moderne ist als System so stabil, dass die Individuen ihre Identität durch den Platz gewinnen, den sie sich in diesem System erobern und den sie im Prinzip ihr Leben lang «halten» können.

In der postmodernen Form hingegen ist das zentrale Sicherheitskonzept die Fähigkeit, ein ganz eigenes Netzwerk aufzubauen und in diesem die starken Schwankungen des Sozialsystems abzufangen, in dem weder der einmal erreichte Beruf noch der Arbeitsplatz, noch die Liebesbeziehungen sicher sind.

Unverkennbar baut das postmoderne Individuum in den Architekturen seines Selbstgefühls an einer Struktur, welche die verlorene Geborgenheit in der «Gemeinschaft» ersetzen soll. Und da, wie in allen romantischen Rekonstruktionen, die Neuentwürfe «idealer» sind, sich von den Konstruktionsübeln der realen Vorbilder so distanzieren wie ein Ritterschloss Königs Ludwig II. von einer wirklichen Burg des Mittelalters, ist auch ihr Scheitern mitentworfen. Was die deprimierte Frage offen hält: «Habe ich das ‹Richtige› nicht gefunden, weil ich nach Unmöglichem strebe oder weil ich zu träge bin?», kann sich in der Einsicht nicht völlig lösen, dass ich nach einer Aufwertung hungere, die mir die Realität nicht beschert.

Wenn ich idealisiere, was ich besitze, kann ich nicht sicher sein, dass es mir in diesen unsicheren Zeiten bleibt. Wenn ich es aber entwerte, kann ich hoffen und sehnen, bin unabhängiger – da bereits enttäuscht von meiner Gegenwart und nicht in ihr zu Hause – und muss nur fürchten, niemals anzukommen. Der Zustand des Unterwegs-Seins, die Suche nach dem Idealzustand, dem großen Erfolg, der großen Liebe des Lebens, ist heute die am meisten verbreitete Droge, mit der wir unsere Selbstgefühlsmängel kompensieren.*

Eine weitgehend narrensichere Steuerung des Selbstgefühls ergibt sich für den Menschen nur dann, wenn er unter Lebensumständen existiert, die keine langfristigen Planungen ermöglichen und daher auch keine grandiosen Projekte erlauben, was die Zukunft bringen und was ich in Zukunft sein müsste. In dieser Situation kann niemand längere Zeit auf ein Minimum an Realitätsorientierung verzichten. Es gibt keine Basis für die Phantasie, dass sein gegenwärtiges Leben nicht sein wahres ist und dieses sich erst in der Zukunft abspielen wird. Auch die Chancen, persönliche Grandiosität durch einen materiellen Sockel zu untermauern, sind gering. Es gibt unter altsteinzeitlichen Lebensbedingungen noch niemanden, der «Prinz» auf die Frage «Wer bist du?» antworten und von einem Vater berichten kann, der über viele Menschen und Länder gebietet.**

* Was die Beliebtheit der realen Drogen, welche den Schmerz des Scheiterns solcher Illusionen betäuben, in der bekannten Weise steigert.

** Anspielung auf die zweite Szene, 1. Aufzug, Mozart/Schikaneder: «Die Zauberflöte».

Die Risikopsyche

Das narzisstische System bringt Menschen dazu, Lust zu opfern. Diese Opfer erfolgen nur teilweise unter dem Einfluss der Realität. Ein Realitätsprinzip gilt uneingeschränkt nur für die archaische Situation des Sammlers und Wildbeuters; für ihn ist der Zusammenhang zwischen Lustopfer und zum Beispiel Nahrungserwerb in den meisten Fällen eindeutig. Bereits in der agrarischen Kultur ist das anders: Der Bauer darf sein Saatgetreide nicht essen, auch wenn der Erfolg seiner Aussaat erst in Monaten eintritt und durch ungünstige Einflüsse zunichte gemacht werden kann, sodass er nach langer Mühe nicht einmal so viel hat, wie bereits anfangs da war.

Das narzisstische Wachstum des Bauern ist somit bereits erheblich instabiler als das des Sammlers, er muss weiter ausgreifen, ist der Stabilisierung längst nicht so sicher wie dieser. Er kann erheblich mehr gewinnen, aber auch verlieren. Der «Risikogesellschaft», die Ulrich Beck aus soziologischer Sicht der Postmoderne zuordnet, geht eine Risikopsyche voraus, die im Neolithikum entstanden ist.

Unter den Bedingungen der archaischen Gesellschaft steht ein Mensch auf, weil er friert oder Hunger hat, er bewegt sich, um etwas Essbares zu finden, er isst es und ruht. Vermeidung von Schmerz, von Hunger, Durst, Spannungszuständen und Angst ist ebenso lustvoll wie die reine Lust, die wir aus den sinnlichen Befriedigungen beziehen.

Beobachten wir unser Alltagsverhalten im 20. Jahrhundert. Der weit größere Anteil unserer Handlungen richtet sich auf narzisstische Befriedigung. Vor allem bemühen wir uns, Scham oder Schuld zu vermeiden, die uns plagen, wenn wir von einer der narzisstisch besetzten Rollen abweichen, die wir in unserer sozialen Umgebung spielen. Es gibt mehrere von ihnen, und sie sind die wesentliche Stütze des Selbstgefühls in der komplexen Gesellschaft, dem Chitinpanzer der Käfer vergleichbar.

Der Rolle zuliebe verzichten wir darauf, auszuschlafen, zu essen, was uns schmeckt, und unsere Feinde so zu verprügeln, wie sie es verdienen. Die Rolle macht uns den Unterschied zwischen Nehmen und Stehlen klar und steigert in vielen Fällen ihre Forderungen so, dass sie die Illusion einer himmlischen Befriedigung nach dem irdischen Tod aufsteigen lassen muss, um nicht unerträglich zu werden. Die ausgreifenden Verzweigungen der menschlichen Grandiosität können durch Illusionen ebenso aufrechterhalten werden wie durch Stützen vonseiten der Realität. Philosophische und theologische Systeme machen keinen Unterschied zwischen der Realität, die wir mit anderen teilen, und der Illusion, die unsere Lehrer für wahr halten.

In der Tat wird der Unterschied zwischen Illusion und Realität erst deutlich, wenn wir bis zur Grenze der Illusion vordringen: Wie ein Ballon zerplatzt sie dann, während die Realität keine Grenze hat und deshalb auch nicht platzt. Wer zu bequem ist, nach dieser Grenze zu suchen, oder zu kraftlos, sie zu erreichen, der lebt in der Illusion wie in der Realität und kann beide nicht unterscheiden. Oft übersteigt es die Kraft vieler Generationen, die Grenze zu finden – wie lange hat es gedauert, die primitiven Vorstellungen von Himmel und Hölle als Illusion zu erkennen, und wie vorläufig ist die Preisgabe dieser Illusion noch immer.

Der Kannibalismus der Entwertung

Von kannibalischen Formen des Narzissmus sprechen wir, wenn das Selbstgefühl dadurch aufrechterhalten wird, dass es zerstört, was es zu seiner Regeneration benötigt. Wer einen anderen entwertet, wertet sich selbst dadurch auf: «Ich danke dir, Gott, dass ich nicht bin wie die anderen Leute ...» (Lukas 18, 10). Im kannibalischen Narzissmus ist diese pharisäische Haltung derart verwickelt und auch verschärft, dass sie nicht Fernstehende trifft, sondern Nahestehende, welche einmal idealisiert wurden und nun in ihrer Entwertung auch den eigenen Wert gefährden. «Ich bin besser als du; du taugst nichts, du bist an unserem/meinem Elend schuld!» Typische Beispiele für den kannibalischen Narzissmus sind Paare, die sich wechselseitig entwerten – Eltern ihre Kinder, Kinder ihre Eltern, Männer ihre Frauen, Frauen ihre Männer, Chefs ihre Mitarbeiter, Mitarbeiter ihre Chefs, Lehrer ihre Schüler, Schüler ihre Lehrer. Jeder bräuchte den anderen als Quelle von Bestätigung, entwertet ihn als Giftspender, kann dadurch kurzfristig Aufwertung gewinnen – «ich bin immerhin nicht so mies wie du, ich stehe über dir» – und zerstört langfristig die Grundlagen des eigenen Selbstgefühls. Bessere Eltern, Kinder, Ehepartner, Chefs, Mitarbeiter werden auf diese Weise nicht gewonnen, im Gegenteil.

In der Industriegesellschaft nehmen die Möglichkeiten ab, sich durch Stammbaum, soziale Schicht, Besitz, Kaste, Ausbildung und Beruf abzusichern. Chancen, durch ein Stück realisierter Grandiosität reich und berühmt zu werden, scheinen ebenso allgegenwärtig wie ungreifbar. Wer singt, einen Sport treibt, tanzt oder sich einfach nur unwiderstehlich schön findet, wird in der Konsumgesellschaft in seiner Grandiosität stimuliert und dazu verführt, sich in seinem narzisstischen Wachstum auf unsichere Strukturen einzulassen.

Die kannibalische Dynamik setzt ein, wenn das Selbst so in Bedrängnis gerät, dass es sich durch eine Delegation der eigenen (drohenden) Entwertung zu retten sucht. Ein Vergleich wäre die Reaktion der Eidechse, die ihren zuckenden Schwanz abstößt, damit der Räuber, der sie schon fast zwischen den

Zähnen hat, abgelenkt wird. Weil er sich in den Schwanz verbeißt, kann die Eidechse überleben.

Wer mit Menschen umgeht, die solche kannibalischen Mechanismen als Überlebensstrategie einsetzen, müsste die Sehkraft eines Chamäleons haben, um die beiden Motivstränge ihres Verhaltens zu verfolgen. In Spätstadien einer gescheiterten Beziehung lässt sich meist nicht mehr klären, wer angefangen hat. Edward Albee hat das in seinem Theaterstück «Wer hat Angst vor Virginia Woolf?» gezeigt. Wenn ein Mann seine Frau bis ins Mark kränkt und sie ihn überall entwertet, wo sie ihn treffen kann, verwirrt das den Betrachter vollständig: Wieso sind die beiden noch beisammen? Wer hat Schuld?

Manche Berater behaupten, dass sexuelle Beziehungen wie eine GmbH behandelt werden sollten, in der jeder Partner die Hälfte der Anteile hält, nicht mehr, aber auch nicht weniger. Diese Auffassung ist ein nützliches Argument gegen sinnlose Zuschreibungen aller Verantwortung für das Scheitern an den jeweiligen Gegner. Aber sie ist ein Einwand, keine Theorie. Es braucht, wie das Sprichwort sagt, nur einen Feind für einen Krieg.

Die Beziehungs-GmbH mit hälftigen Anteilen entspricht der Beziehung zwischen sozial, materiell und intellektuell Gleichgestellten, die beide gleiche Möglichkeiten haben, idealisierte Erwartungen aneinander zu richten und sich in ihrer Enttäuschung einander realistisch zu nähern. Wenn dieser Prozess einer konstruktiven Enttäuschung idealisierter Erwartungen gelingt, werden Beziehungen unkomplizierter, je länger sie dauern; die Differenzen zwischen Erwartung und Erfüllung mindern sich, beide wissen genau, was sie voneinander halten, was sie verbindet, was sie trennt.

Aber diese Gleichstellung ist eine Fiktion, die gegenwärtig schwerer zu durchschauen ist als in den traditionellen Kasten- und Standesordnungen. Eltern und Kinder, Frauen und

Männer, Behinderte und Nichtbehinderte, Arme und Reiche, Einheimische und Fremde sind nicht gleich. Wenn sie sich durch die hohe Mobilität einer individualisierten Gesellschaft verbinden und durch die gewachsenen Ansprüche der Konsumwelt hoffen, Rücksichtnahme für ihre Schwächen zu finden, können Liebeserwartungen leicht so groß werden, dass eine konstruktive Enttäuschung nicht mehr gelingt.

Dann erheben sich die Fragen, wer angefangen hat, etwas Verkehrtes zu erwarten, wer schuld ist, dass die Enttäuschung so unerträglich ist. Die Beziehungen werden nicht stabiler, sondern unberechenbarer, je länger sie dauern.

Es wirkt paradox, wenn entwerteten und dämonisierten Beziehungspartnern vorgehalten wird, dass sie sich als genau das entpuppt haben, was zu sein ihnen seit vielen Jahren vorgeworfen wird. Eltern, die nach dem Bekunden der erwachsenen Tochter sie nie verstanden, ihr nie ein wirkliches Geschenk gemacht haben, bescheren ihr bei einem Besuch zu Weihnachten einen Christstollen voll «böser» Butter und einen Hunderteuroschein. Die Tochter kommt tränenüberströmt in die Therapie: «Die wissen doch, dass ich keinen fetten Kuchen mag, und Geld verdiene ich selbst genug! Verständnis und Anerkennung, das wäre es, was ich eigentlich gewollt habe. Aber das bekomme ich nie!»

Die Gegenfrage, wie es denn mit ihrem Verständnis und ihrer Anerkennung für die Eltern bestellt sei, liegt nahe.

Im Stadium des kannibalischen Narzissmus wirken Partner oft so, als ob sie keine Beratung oder Therapie, sondern ein Gerichtsurteil oder einen gedungenen Killer bräuchten, der den Menschen aus der Welt schafft, an den sie in ihrer Entwertung gebunden sind.

Aber nicht der Vollzug der aggressiven Entwertung, sondern im Gegenteil die Verteidigung des bedrohten Objekts bringt eine Wende.

Zwei Beispiele: Die verzweifelte Ehefrau, die durch die sexuelle Zurückhaltung ihres Partners ihren Kinderwunsch infrage gestellt sieht und ihn wütend entwertet, weil er an diesem Wochenende wieder mit seinen Kameraden zum Bergsteigen fahren will, reagiert betroffen auf die Bemerkung des Therapeuten, sie habe sich doch gerade diesen sexuell wenig fordernden Mann ausgesucht. In der nächsten Stunde berichtet sie von einer Aussprache, in der sie einander so nahe gekommen seien wie noch nie. Sie habe erkannt, wie sehr sie ihn unter Druck setze und ihm unrecht tue; er hingegen habe über seine Ängste vor sexuellen Forderungen sprechen können. Seither gelinge auch die Erotik wieder.

Eine Frau hat nach dreißig Ehejahren einen Seitensprung ihres Mannes entdeckt und ist seither extrem wütend. Beim kleinsten Anlass entwertet sie die Beziehung vollständig und leidet an heftiger Angst, dass sie an den bei ihr mit jeder Aufregung verbundenen Blutdruckkrisen sterben könnte. An einem Abend kommt sie in die Gruppentherapie und berichtet über einen Wutanfall.

Ihr Mann habe sein Versprechen nicht gehalten, sie abzuholen, und es nicht einmal der Mühe für wert gefunden, sie anzurufen, als er durch eine Autopanne aufgehalten wurde. Sie habe ihm wieder eine große Szene gemacht, ihm mit Trennung gedroht. Er werde dann immer ganz klein, habe ihr Champagner serviert und ein Essen gekocht, um sie zu versöhnen. Einige Frauen in der Gruppe verteidigen den Mann. Sie würden sich über einen Partner freuen, der sie derart verwöhne. Der Leiter macht sich Sorgen, dass die Patientin in der Gruppe so kritisiert wurde, und fürchtet, ihr labiler Zustand könne sich verschlechtern. In der nächsten Sitzung berichtet sie aber, es habe ihr sehr gut getan, dass andere Menschen ihren Mann in Ordnung fänden.

4 THESEN ZUR SEXUELLEN TRAUMATISIERUNG DES MANNES

Ihr wandelt droben im Licht
Auf weichem Boden, selige Genien!
Glänzende Götterlüfte
Rühren euch leicht,
Wie die Finger der Künstlerin
Heilige Saiten.

[…]

Doch uns ist gegeben
Auf keiner Stätte zu ruhn,
Es schwinden, es fallen
Die leidenden Menschen
Blindlings von einer
Stunde zur anderen,
Wie Wasser von Klippe
Zu Klippe geworfen,
Jahrlang ins Ungewisse hinab.*

1. Im Gegensatz zu anderen Trieben kann die menschliche Sexualität nicht individuell reguliert werden.

2. Männer sind, um diese Regulation zu erreichen, in höherem Maße auf Frauen angewiesen als umgekehrt.

3. Das heterosexuell orientierte Selbstgefühl entwickelt sich

* Friedrich Hölderlin, Hyperions Schicksalslied. Zit. n. B. Litzmann, Hölderlins gesammelte Dichtungen. Stuttgart (Cotta) 1895, S. 172. Hölderlins narzisstische Traumatisierung lässt sich rekonstruieren: Seine Mutter verlor seinen Vater, als der Knabe zwei Jahre alt war; den Stiefvater, als er neun Jahre alt war; so entstand jenes für Hölderlins Dichtung und Leben charakteristische Schwanken zwischen grandiosen Phantasien (ödipaler Sieger zu sein, der Mutter den Vater zu ersetzen) und der Verzweiflung der Niederlage, wenn deutlich wird, dass die eigene Kraft nicht ausreicht, das Erträumte zu leisten.

aus homoerotischen Vorstufen. Wo diese Entwicklung blockiert und Heterosexualität dogmatisch erzwungen wird, folgen Störungen im Selbstgefühl. Männer fürchten Homosexualität und bekämpfen sie mit einer höheren Gewaltbereitschaft.

4. Die Erkenntnis der damit verknüpften Abhängigkeiten überlastet das männliche Selbstgefühl. Im Normalfall stabilisieren Frauen die beim Mann mit dieser Abwehr verbundenen Verdrängungen und Verleugnungen, wonach sie, die Frauen, die Abhängigeren sind. Misslingt das, hält der Mann zusätzliche Maßnahmen für notwendig. Eine davon ist Gewalt gegen Frauen.*

5. Die These vom Penisneid ist ein Ausdruck solcher Abwehrmaßnahmen – ebenso wie das Frauenbild der monotheistischen Religionen und vieler patriarchalischer Kulturen.

6. Die Gewaltbereitschaft steigt, wenn Männer in ihrer frühen Entwicklung von Frauen traumatisiert werden. Die Bereitschaft der Mütter zur (verkappten) Rache an ihren Söhnen steigt, wenn sie von Männern gekränkt** worden sind.

* Aus dieser These ließe sich die Voraussage ableiten, dass persönliche Gewalt gegen Frauen zunimmt, wenn die Möglichkeiten ihrer institutionellen Unterdrückung schwinden. Die Kriminalitätsstatistik mit steigenden Zahlen von Vergewaltigungen und Körperverletzungen scheint das zu belegen; desgleichen könnte die anschwellende Diskussion über sexuellen Missbrauch so interpretiert werden. Aber solche Statistiken sind selten wirklich historisch korrekt; wir wissen wenig darüber, ob zum Beispiel Vergewaltigungsdelikte häufiger begangen oder öfter angezeigt werden als früher.

** Hier werden «traumatisieren» und «kränken» synonym verwendet. Ich setze mich darin über den definitorischen Unterschied hinweg, wonach das Trauma eine Kränkung ist, welche die Bewältigungsmechanismen überfordert. Allerdings ist diese Unterscheidung auch kaum zu objektivieren; wir wissen in der Regel erst nachher, ob Kränkungen «zu viel» waren oder nicht. Wenn ein Mann an der Börse verloren hat oder eine Untreue seiner Frau entdeckt, sind das Kränkungen, die wir zunächst nicht als Trauma auffassen würden; sobald aber dieser Mann seinen Bankier, seine Frau oder sich selbst erschießt, sprechen wir von einem Trauma, das heißt einem Ereignis, das er nicht mehr bewältigen konnte.

1. Im Gegensatz zu anderen Trieben kann die menschliche Sexualität nicht individuell ausreichend reguliert werden.

Es ist eines der Rätsel der menschlichen Natur, warum der sexuelle Trieb so gänzlich anders aufgebaut ist als andere Triebe – etwa der Hunger. Wie sehen diese Unterschiede aus?

Kein vernünftiger Mann würde einen Fruchtbaum abhacken, weil ein Dieb ihn heimlich abgeerntet hat. Er würde den Dieb vertreiben, vielleicht den Baum besser bewachen, aber sich den Nutzen erhalten, den er von diesem erwartet. Ein eifersüchtiger Mensch handelt anders. Im Märchen reagiert der «kleine» Bruder mit jäher Gewalt; er erschlägt Gemahlin und Rivalen. Im modernen Hollywood-Melodram würde er seine Koffer packen, eine Lösung, die der des großen Bruders gleicht: Auch dieser ist so gekränkt, dass er nur noch die Flucht ergreifen kann.

Wenn ein Paar in Eifersuchtskonflikte gerät, hängt das mit Unverträglichkeiten der Sicherheitsbedürfnisse zusammen. Es ist schwierig geworden, sich zu verständigen und Kompromisse zwischen den unterschiedlichen Bedingungen zu finden, unter denen Sicherheit erlebt werden kann. Sobald wenigstens darüber Einigkeit gewonnen ist, dass Eifersucht berechtigt, in gewissem Umfang sinnvoll und unter günstigen Bedingungen für die Beziehung konstruktiv sein kann, ist eine Verhandlungsgrundlage hergestellt.

Die eifersüchtige Extremreaktion kündigt jeden Vertrag von einer Stunde auf die nächste. Durch die Erkenntnis einer sexuellen Untreue verwandelt sich der bisher geliebte Lebenspartner in ein Monster, an dem jede Rache erlaubt ist. Eifersucht in dieser extremen Form, dass nicht nur der Rivale, sondern auch der Sexualpartner bekämpft und entwertet wird, ist spezifisch menschlich.

Man könnte annehmen, dass die Ehe entstanden ist, als der Mensch Viehhaltung und Ackerbau entdeckte und es daher notwendig wurde, rechtmäßige Erben für diese Besitztümer zu finden. Aber diese Hypothese ist falsch; es gibt auch in den Jäger- und Sammlerkulturen die Institution der Zweierbeziehung, des festen, mehr oder weniger eifersüchtig behüteten Partners einer Frau und der Elternschaft von Mann und Frau.

Im Anschluss an Vernon Reynolds vermute ich, dass die Paarbindung bereits in der frühen Altsteinzeit entstand, als Protohominiden die offene Savanne besiedelten und unsere Vorfahren von Pflanzenessern zu Jägern wurden. Die Jagd wurde eine Tätigkeit der Männer, während die Frauen mit den Kindern an einem Lagerplatz blieben, in dessen Umgebung sie Pflanzen suchten.

Diese, verglichen mit den Primatengruppen, sehr viel höhere Mobilität hätte die Gefahr mit sich gebracht, dass die Männer überhaupt nicht mehr zurückgekehrt wären. Solange die sexuelle Erregung ausschließlich über den Geruch gesteuert wurde, galt: «Aus der Nase, aus dem Sinn!» Die gesteigerte, nicht an den Östrus gebundene, sondern in erster Linie durch optische Reize («Liebe auf den ersten Blick») ausgelöste sexuelle Aktivität des Menschen wurde ein verlässliches Band, um die Männer zu bewegen, von ihren Jagdzügen zu den Frauen heimzukehren und mit ihnen die Beute zu teilen. So entstanden auch die Mächte der Erinnerung, die so eng mit Poesie und bildender Kunst verwandt sind: als Bezauberung der Männer, von ihren Streifzügen zurückzukehren, weil sie sich ihrer Frauen erinnerten.*

* Eine Pointe in diesem Kontext ist Tolkiens Erzählung von den Ents, die irgendwann die Entfrauen nicht mehr fanden und daraus eine eigene Dichtung entwickelten. Vgl. J. R. R. Tolkien, Der Herr der Ringe, Bd. 2. Stuttgart 1972.

In den kleinen Gruppen der Primaten des Tier/Mensch-Übergangsfeldes herrschte eine intensive genetische Auslese, die mit der Entwicklung der Sprache und damit der kulturellen Tradition durch eine Auslese symbolischer Strukturen ergänzt und überformt wurde.

Die Baumeister der Evolution sparen, wo sie können, sie nutzen, was vorhanden ist, und verwenden es neu (machen beispielsweise aus dem Vorderfuß die Flosse und lassen nicht eine Flosse neu wachsen). Die menschliche Sexualität gleicht einem Gebäude von komplexer Struktur, das sehr unterschiedliche Elemente zu einem wirkungsvollen, aber auch gefährdeten Ganzen verbindet.

Die Paarbindung war ursprünglich die Bindung zwischen Mutter und Kind. Daher mussten die menschlichen Männer kindischer werden, als es die Affenmänner waren, um auch noch im erwachsenen Alter Paarbindungen aufrechtzuerhalten, die dem Überleben ihrer Gruppe nützten. Die Frauen mussten sich weniger ändern; Mütter hatten sich ja schon immer an ihren Nachwuchs gebunden.

Zu den zentralen Qualitäten des kindlichen Befindens gehört die Überzeugung, allein nicht überleben zu können. Sie ist die Quelle der tiefen, irrationalen Abhängigkeit im menschlichen Leben. Wenn ein Kind auf der Straße nach seiner verlorenen Mutter schreit, beruhigt es sich sofort, wenn diese zurückkommt. Die Mutter mag eine Sadistin sein, die das Kind prügelt, sobald sie es sieht, aber dennoch zieht das Kind sie der freundlichen Passantin vor, die es gern mit nach Hause nehmen und päppeln würde.

Diese Bindung wird in unseren sexuellen Beziehungen geweckt, sobald wir sie als dauerhaft erleben. Solange sie diese nicht haben, ist der Liebeskummer oberflächlich und wird schnell vergessen. Aber die drohende Auflösung einer festen Beziehung weckt Ängste, kindliches Klammern oder Reaktionsbildungen (wie wütende Distanzierung, Zerstörung des Liebespartners). Sie macht, wie es im Märchen Schahzaman und Schehrijar geschah, aus königlichen Siegern von einer Stunde auf die nächste gramschwere Pilger, die sich heimatlos fühlen und ihr Königtum für wertlos halten.

Die tiefe Bezogenheit auf das Liebesobjekt befähigt den Menschen zu großartigen Leistungen für seinesgleichen; sie führt dazu, dass er fähig wird, in seinem eigenen Handeln immer einen anderen mitzudenken. Sie macht ihn zu Vater und Mutter, zur Priesterin und zum Staatsmann. Andererseits kann die Tatsache, dass diese Bezogenheit aus dem Material kindlicher Abhängigkeit geschmiedet ist, auch dazu führen, dass in Krisen eine destruktive Wut wiederkehrt, mit der früher das kleine Kind den Eltern einimpfen wollte, dass Verlassenheit unerträglich ist. Nach «normalen» Trennungsschmerzen wird das Kind die Eltern wieder annehmen; nach traumatischen Trennungen gelingt das nicht – der Säugling, der stundenlang schreien musste, verweigert die Brust; das verletzte Kind, das im Krankenhaus eine Notoperation durchlitt, dreht das Gesicht zur Wand, wenn die alarmierte Mutter erscheint. Kleine Trennungen festigen die Bindung, große Trennungen stören, traumatische Trennungen vernichten sie.

Die sexuellen Triebe sind aus genau diesem Grund so mächtig, dass ihre Stärke jeden Menschen – Kinder wie Erwachsene, Männer wie Frauen – bedroht. Sie wecken die Ungeheuer der Tiefe, die extreme Abhängigkeit des kleinen Kindes, die im Menschen als unbewusste Phantasie bestehen blieb und tiefste Sehnsüchte speist. Das von Natur und Kultur gleichermaßen vorgesehene Gegenmittel ist ein einfühlender Partner. Ihn braucht das Kind, um seine Libido zu regulieren, ebenso wie der Erwachsene. Mit seiner Hilfe kann es gelingen, diese Energie zu bändigen; ohne ihn greift das Trauma um sich.

2. Männer sind, um diese Regulation zu erreichen, in höherem Maße auf Frauen angewiesen als umgekehrt.

Den vieldeutigen Untersuchungen über anatomische Unterschiede im Zentralnervensystem von Männern und Frauen lassen sich bisher nur in populären Magazinen verhaltensnahe Aussagen abgewinnen. Das gesunde Gehirn funktioniert ganzheitlich; Rückschlüsse von neurologischen Störungen auf das normale Verhalten sind daher gerade aus physiologischer Sicht bedenklich.

Im Gehirn wurden stammesgeschichtlich ältere Komponenten durch die Entwicklung der Großhirnrinde überformt; diese Situation ist bei Männern und Frauen identisch. Daher gehört ein beträchtliches Maß an psychologischer Ignoranz dazu, von anatomischen Unterschieden im Althirn auf genetisch angelegte Unterschiede im Verhalten zu schließen. Die bisher gültigste Konzeption der Geschlechtsunterschiede basiert auf der seelischen Verarbeitung der körperlichen Unterschiede.* Intellekt und Gefühl reagieren auf sie; diese geistigen Prozesse sind nicht geschlechtsspezifisch, sondern der großen Leistung der Evolution geschuldet, die dem Menschen Sprache und damit die Möglichkeit zur Reflexion geschenkt hat.

Das männliche Kind beobachtet an der Schwelle zu seiner geistigen Verselbständigung, dass es anders ist als die Mutter und dass es nie so werden wird wie sie. Es entdeckt, dass es die Mutter nicht kontrollieren und nicht befriedigen kann; wenn die Mutter unglücklich ist, braucht sie einen Mann, keinen Knaben; wenn sie die Illusion aufbaut, sie könne auch ohne

* Besonders bizarr sind «biologische» und «genetische» Hypothesen, welche die Vielfalt der Kulturen ignorieren und das Verhalten von Männern und Frauen in der individualisierten Gesellschaft auf Erbanlagen zurückführen.

Mann dem Knaben alles geben, was er braucht, verführt sie den Sohn zur Größenphantasie, die er später nur schwer wird ablegen können.

Die typische Traumatisierung des Knaben in dieser Situation wird uns noch beschäftigen; hier geht es um die symbolischen Strukturen, welche die Entwicklung des geschlechtsspezifischen Unbewussten prägen. Der Knabe erkennt den Unterschied zur Mutter vor allem in seinem Penis; die verzweifelte Angst narzisstisch gestörter Männer, ihr Penis könne zu klein sein, verknüpft diesen Unterschied mit einem weiteren: zu gering zu sein, um auszugleichen, was der Mutter fehlt. Da der Vater oft nicht da ist, entsteht ein Sog, seine Stelle auszufüllen; eben dieser Sog konfrontiert den Knaben aber ständig mit seinen Mängeln. Er strengt sich ungeheuer an, um diese Mängel zu kompensieren, was zu den Erscheinungen führt, die Freud der «phallischen Phase» zuordnet: Ehrgeiz, Versagensgefühle und Gewaltbereitschaft, um anderen die gefürchtete Kastration anzutun, ehe sie selbst zuschlagen können («... sogleich schlug er seiner Gemahlin und dem schwarzen Sklaven die Köpfe ab»). Die Beschneidung der Kinder ritualisiert solche Tendenzen. Wir können zusammenfassen, dass der Knabe in einem Gefühl der Heimatlosigkeit aufwächst; er ist ständig von der Angst begleitet, dass die Mutter verschwinden könnte,* weil er nicht in der Lage ist, sie zu verstehen,

* Viele Männer haben Phantasien, sich selbst zu entmannen; in pathologischen Ausnahmefällen tun sie es tatsächlich. Ein von Ethnopsychiatern recht gut untersuchtes Krankheitsbild in der Art eines kollektiven Wahns bezieht sich darauf, der Penis könne immer kleiner werden und schließlich ganz verschwinden. Historischen Berichten zufolge war es an einigen Kultorten der asiatischen Muttergöttin (Kybele, Astarte) üblich, dass sich die Priester selbst kastrierten; solche Rituale sind in russischen Sekten erhalten geblieben und bestimmen in der abgemilderten Gestalt des Zölibats heute noch das Ideal des katholischen Klerikers. Selbstkastration und die Phantasie vom «Verschwinden» des Penis entsprechen nach diesem Modell einem Versuch, die Angst

ihre Bewegungen vorauszuahnen und zu ihrer Befriedigung beizutragen. Diese Spannungen wachsen, wenn die Mutter sexuell unbefriedigt ist, sich von ihrem Mann (und Männern allgemein) schlecht behandelt fühlt und so den Sohn teils als künftigen Erlöser und Ideal-Mann, teils aber auch als Bundesgenossen einer Fronde von Unterdrückern und Verbrechern imaginiert.

Narzisstisch gestörte Männer vermitteln ihren Partnerinnen, sie seien imstande, beim nächsten Gang zum Zigarettenautomaten Beziehung, Wohnung, Arbeit und Kinder zu verlassen. Sie sprechen gern von ihren Träumen, auf einem Schiff anzuheuern oder als Holzfäller in den kanadischen Wäldern unterzutauchen. Sie erwerben ein Kapitänspatent, um demnächst zur einsamen Weltumsegelung aufzubrechen; sie planen Expeditionen oder bauen einen Kleinbus zur Überlebenskapsel aus, in der sie sich bald auf und davon machen werden.

In dem Mythologem, Frau und Kinder für ein Abenteuerleben zu verlassen, spiegelt sich eine infantile Angst, die narzisstisch bedrohte Männer anderen machen, um sich selbst vor ihr zu schützen. In gründlichen Analysen können sich solche Männer häufig an Phantasien erinnern, dass sie nach Hause kommen und niemanden mehr vorfinden. Die Mutter und die Geschwister sind fort, sie sind ganz allein, alles ist aus ihrem Leben verschwunden, was ihnen etwas bedeuten könnte. Mit dem Begriff der «Kastrationsangst» hat Freud diese Situation ebenso verschlüsselt wie zugespitzt.

vor dem ohnmächtigen Erleiden des Verlusts der Mutter durch Aktivität zu bekämpfen, indem man sich selbst von dem Organ trennt, das den Unterschied zu ihr markiert und die unerträgliche Abhängigkeit von Frauen symbolisiert. Der Verzicht auf Königswürde und Lebensglück, den das Märchen verlangt, ehe die gekränkten Männer einen noch tiefer Gekränkten finden, signalisiert eine Milderung dieser Kastration.

3. Das heterosexuell orientierte Selbstgefühl entwickelt sich aus homoerotischen Vorstufen. Wo diese Entwicklung blockiert und Heterosexualität dogmatisch erzwungen wird, folgen Störungen im Selbstgefühl. Männer fürchten Homosexualität und bekämpfen sie.

Eine spannende Frage an die Psychoanalyse, die freilich selten so radikal gestellt wird, ist die nach den Gründen der Heterosexualität. Wer das analytische Denken kennt, dem leuchtet sogleich die These ein, dass die homosexuelle Orientierung ursprünglicher, älter und einfacher aufgebaut ist. Es ist auch klar, dass sie unter dem Gesichtspunkt einer rein körperlich definierten seelischen Ökonomie das Selbstgefühl besser schützt als die Heterosexualität. Homosexualität vermindert die körperliche Begegnung mit einem anderen Menschen um das verstörende Element der Fremdheit. Wenn wir eine allein an den körperlichen Bedürfnissen orientierte psychische Entwicklung konstruieren, die es in der kulturellen Realität nicht gibt, dann wäre eine primär homosexuelle Orientierung beider Geschlechter anzunehmen. In Kindheit und Adoleszenz gelten die ersten Regungen des Sexualtriebs, ungeachtet aller ideologischen Tabuisierungen, eher dem eigenen als dem fremden Geschlecht. Solche Episoden sind viel häufiger, als es die Betrachtung der sexuellen Orientierung Erwachsener vermuten lässt.

Als Basis einer idealen Sexualentwicklung könnten wir bei beiden Geschlechtern stabile Elemente der körperlichen Nähe zum eigenen Geschlecht konstruieren. Wo sich Jungen mit Jungen, Mädchen mit Mädchen in zärtlichem Austausch wohl fühlen, kann das Wagnis der Annäherung an das fremde Geschlecht von denen vollzogen werden, die das eigene bereits lieben können und in diesen Beziehungen einen Rückhalt haben, der sie vor Phantasien der Zerstörung ihrer Erotik (der «Kastration») schützt.

Der Antike war noch durchaus vertraut, dass Knaben in zärtlichem Kontakt zu Männern und Mädchen in zärtlichem Kontakt zu Frauen heranwachsen. In den monotheistischen Religionen, welche die Hochkulturen des Westens prägen, ist diese Auffassung dämonisiert worden. Durch die Entwertung der Homosexualität, die primär in einem Kampf der monotheistischen und patriarchalischen Theologen gegen die rituelle Homoerotik der Priester und Priesterinnen von Muttergöttinnen wurzelte, wurde keineswegs die Heterosexualität der Menschen gefestigt, sondern ihre erotische Basis insgesamt geschmälert. Ihren Höhepunkt erreichte diese Entwertung der Sexualität in der katholischen Dogmatik. Hier war jeder Sexualakt des Teufels, der nur der Lust und nicht auch der Fortpflanzung diente.

Seither ist in der männlichen Entwicklung der Wunsch meist angstbesetzt, den schwachen eigenen Penis durch die Berührung eines zweiten Penis magisch zu stärken und vor dem Verlust in den unergründlichen Weiten des mütterlichen Genitales zu bewahren.* Wo die homoerotischen Wünsche in die Entwicklung eines Mannes integriert werden können, bleibt dem männlichen Körpererleben die Dimension der Zärtlichkeit zugänglich. Der an Männern und mit Männern herangewachsene Mann kann Mann bleiben, auch wenn ihn eine weibliche Sexualpartnerin nicht idealisiert; er kann mit ihr über unterschiedliche Wünsche sprechen und muss nicht zwanghaft die Übereinstimmung mit ihr suchen.

* Ein Patient klagt zum Beispiel über Zwangsgedanken, allen Männern, die er bewundert oder verehrt, an den Penis fassen zu müssen. Er fürchtet diese Gedanken sehr und schämt sich ihrer; in einer Gruppentherapie kann er allmählich das magische Potenzial in seinen Wünschen erkennen und seine unterdrückte Homosexualität besser integrieren.

Der männliche Sadismus und die Gewaltbereitschaft phallisch-narzisstischer Männer hängen oft damit zusammen, dass die homoerotischen, zärtlichen Orientierungen der Kindheit dämonisiert wurden. Allerdings wäre es eine Illusion, der Homosexualität generell eine stärkere Orientierung an Gewaltfreiheit und Zärtlichkeit zuzuschreiben. Das könnte vielleicht in einer sozialen Umwelt der Fall sein, in der es keine Vorurteile gegen Schwule und Lesben gibt und deshalb den wechselseitigen Entwertungen die Grundlage fehlt. Gegenwärtig sind die Stereotype, mit denen sich Homosexuelle gegen Heterosexuelle wehren, kaum weniger borniert und aggressiv als umgekehrt. In den monotheistisch geprägten Kulturen gibt es eine lange und unheilvolle Tradition, die Bisexualität zu leugnen und heterosexuelle Festlegungen zu erzwingen, die einen homosexuellen Gegenzwang wecken. Männer, deren Homosexualität sadistische Färbungen trägt, reproduzieren in ihren Phantasien und Verhaltensweisen oft die gesellschaftliche Aggression gegen ihre eigene sexuelle Orientierung.

Dominanzrituale und Sadismen unter Männern werden öffentlich viel weniger beachtet, weil die Opfer ihr Leid verleugnen. Sie fürchten, als Männer entwertet zu werden, wenn sie über das Erlittene sprechen. Männer sind nicht schwach.*

Die in jedem Gewalterleben keimende Chance, das Trauma durch Identifizierung mit dem Angreifer zu bewältigen, ist bei Männern die Regel, nicht die Ausnahme. Im «normalen» militärischen Drill wie in der Ausbildung von Folterspezialisten, die in Griechenland während der Diktatur durchgeführt und später von Sozialpsychologen untersucht wurde, gehören die massive Erniedrigung und Entwertung des Zöglings zum

* Vgl. R. Neutzling und D. Schnack, Kleine Helden in Not. Jungen auf der Suche nach Männlichkeit. Reinbek 1990, sowie W. R. Connell, Der gemachte Mann. Opladen 1998.

Ritual. Nach neueren amerikanischen Untersuchungen ist Penetration im sexuellen Missbrauch von Jungen sogar häufiger als in dem von Mädchen.* In der Rechtsprechung vieler Länder ist die Vergewaltigung eines Mannes durch Analverkehr kein Delikt; im deutschen Strafrecht wird sie als Nötigung definiert; vergewaltigt werden nach Paragraph 77 StGB nur Frauen. Männliche Opfer zeigen die sexuelle Nötigung noch viel seltener an als weibliche.

4. Die Erkenntnis der sexuellen Abhängigkeiten überlastet das männliche Selbstgefühl. Im Normalfall stabilisieren Frauen die beim Mann mit dieser Abwehr verbundenen Verdrängungen und Verleugnungen, indem sie die Phantasie stützen, wonach sie, die Frauen, die Abhängigeren sind. Misslingt das, hält der Mann zusätzliche Maßnahmen für notwendig. Eine davon ist Gewalt gegen Frauen.

Die Freud'schen Thesen zur Weiblichkeit sind ein gutes Beispiel für diese Abhängigkeitsabwehr in einer psychologischen Theorie. Freud gelingt es sonst oft, die Dynamik von Erlebnisweisen und sozialen Institutionen aus einem Konflikt abzuleiten – der gütige Arzt kompensiert seinen kindlichen Sadismus, der Pedant seine Lust am analen Chaos, die jüdisch-christlichen Religionen den Vatermord durch die Idealisierung eines gerechten Gottes und des freiwilligen Opfers seines Sohnes am Kreuz.

Nichts davon ist in seinen Theorien zur Weiblichkeit spürbar. Sie sind nicht dynamisch oder dialektisch, sondern linear. Die Frau hat keinen Penis, und deshalb beneidet sie den Mann um diesen Penis; der Mann hat einen Penis und fürchtet sich deshalb, ihn zu verlieren. Töchter hängen lebenslang an ihren Vätern – es sei denn, sie gebären einen Sohn; Söhne lösen sich

* S. Honig, Verhäuslichte Gewalt. Frankfurt 1992.

von ihren Müttern, die sie mit der reinsten denkbaren Liebe auf ihre Laufbahn in der Welt vorbereiten. Von dem sonst für die Psychoanalyse charakteristischen Umdenken, dass eine derart energische Produktion von Schein Abwehrgründe haben muss, findet sich hier nichts.

Freud spricht den Männern größere Unabhängigkeit, eine bessere Fähigkeit, den Ödipuskomplex durch Vateridentifizierung zu bewältigen, ein höheres Gerechtigkeitsempfinden und eine größere Entwicklungsfähigkeit in höherem Alter zu. In keinem dieser Punkte gewinnt er Abstand zu den sexistischen Klischees seiner Zeit. Das abhängige Weibchen, das männlichen Schutz braucht, ist doch ein zentrales Gegengift gegen das reale Bild der männlichen Kindheit – den Knaben, der die mütterliche Schutzmacht benötigt, obwohl sie ihm derart fremd ist. Und die «stabile» Vateridentifizierung, welch ein Mythos angesichts der häufigen Abwesenheit der Männer, angesichts ihres Desinteresses an den Ängsten und Schwächen des Kindes!

Der Sohn identifiziert sich nicht mit dem realen Vater, sondern mit dem Idealbild des Mannes, der von der Mutter, nein: von der ganzen Welt bewundert wird, des Eroberers, den niemand ungestraft verletzt.* Eine der Geschichten, welche die weibliche Kompensation der männlichen Kränkbarkeit ausbreitet, ist der in vielen Varianten überlieferte Griseldis-Stoff. Die erste schriftliche Fassung findet sich bei Boccaccio; es gibt Dichtungen von Petrarca, Hans Sachs, Chaucer und vielen anderen Autoren. Der Markgraf Gualteri von Saluzzo, der die Ehe ablehnt, weil er sich keiner Frau fügen will und dieses Schicksal für unvermeidlich hält, sobald er heiratet, wird von

* Freud berichtet in seiner Selbstdarstellung, wie es ihn als Kind empörte, dass sein Vater nichts unternommen hatte, als einmal ein Passant ihm mit den Worten «Jud, herunter vom Trottoir» die neue Pelzmütze vom Kopf schlug. Freud identifizierte sich als Kind mit semitischen Eroberern wie Hannibal.

seinen Untertanen so bedrängt, dass er schließlich die Bauerntochter Griseldis ehelicht. Er stellt ihr die Bedingung des völligen Gehorsams, den er prüft, indem er ihr die beiden Kinder wegnimmt, die sie ihm geboren hat, sie schließlich nach fünfzehnjähriger Ehe verstößt und von ihr fordert, seine neue Gemahlin bei dem Hochzeitsfest zu bedienen. Erst als Griseldis dies alles willig duldet, deckt er auf, dass die angebliche Braut ihre fern von ihr großgezogene Tochter ist, und setzt Griseldis wieder als seine Gemahlin ein.

In dieser Geschichte spiegeln sich die männlichen Ur-Ängste: Die Frau (Mutter) ist mächtiger als der Mann; sie ist stärker, weil sie Kinder gebären kann; sie liebt diese Kinder mehr als den Mann. Nur die Frau, welche bewiesen hat, dass sie sich vollständig den männlichen Bedürfnissen unterwirft, kann Kastrationsangst und Gebärneid kompensieren und den ängstlichen Helden beziehungsfähig machen.

5. Die These vom Penisneid ist ein Ausdruck solcher Kompensationen – ebenso wie das Frauenbild der monotheistischen Religionen und vieler patriarchalischer Kulturen.

Das männliche Genitale ist etwas Äußeres und könnte verloren gehen. Dieser Verlust betrifft keineswegs das Organ allein. Freuds Modell der Kastrationsphantasie besagt, dass der Penis vom Vater abgeschnitten wird, weil der Knabe die Mutter begehrt. Aber Freud hat die Rolle der Mutter im Ödipuskomplex des Sohnes zu sehr vereinfacht.

Er behauptet, die Beziehung zwischen Mutter und Sohn sei die vielleicht einzige ambivalenzfreie Beziehung. Aber es gelingt Freud nicht ganz, die Mutter als Gefahrenquelle zu verdrängen. In der Arbeit über «Das Motiv der Kästchenwahl» hat Freud den Aspekt der Mutter als Todesgöttin beschrieben, der in seinen frühen Äußerungen unterdrückt bleibt. Erst später wurde in der Psychoanalyse die viel heftigere und ältere Angst des Mannes entdeckt, mit dem kleinen Penis in der riesigen Höhle verloren zu gehen,* den Schrecken der Einsamkeit und Finsternis ausgeliefert.

Indem Freud den Vater so fürchterlich macht, beschwört er ihn als mächtigen, freilich auch gefährlichen Retter. Aber der Vater ist in der frühen Welt zwischen Mutter und Sohn nur selten präsent. Ihn so mächtig zu machen ist Wunschdenken des Sohnes, Ausdruck seiner Sehnsucht, an dieser Macht teilzuhaben, die Freud auch in seinem psychoanalytischen Märchen über «Totem und Tabu» mit dem Bild der «Urhorde» und des alle Frauen monopolisierenden Urvaters ausdrückt. Das Märchen der Tausendundein Nächte formuliert viel näher an der Realität: Der mächtigste Dämon ist hilflos den Tücken seiner Frau ausgeliefert, die er doch sicher in seinem Besitz glaubt. Um den Verlust der narzisstischen Bestätigung durch die Verfügbarkeit über die Mutter/Frau auszugleichen, muss Schehrijar zum Mörder werden. Er gewinnt schließlich die Frauen nicht durch die Liebe, sondern durch den Tod. Kein Mann und kein Gott kann ihn heilen. Das gelingt aber schließlich einer Frau, die sein Trauma respektiert und keine moralische oder triebhafte Lösung sucht, sondern den Schrecknissen der männlichen Kränkung und der aus ihr resultierenden Gewalt mit der Kraft der Erzählung begegnet.

* Die bei vielen Männern nachweisbare Kompensation dieser Ängste, verloren zu gehen, ist der besondere Stolz auf den eigenen Orientierungssinn, zum Beispiel in einer fremden Stadt. Dass ihre Frauen «den Weg nicht wissen», «sich nicht auskennen», «sich verirren», während sie mit sicherem Gefühl den Weg zum Hotel oder zum Auto wiederfinden, bereitet vielen Männern sichtliches Vergnügen. Die Romane von Karl May sind eine Fundgrube für diese narzisstische Kompensation der Ängste, sich (oder den Penis) im unergründlichen Inneren der Mutter zu verlieren. Karl May spricht gern vom «untrüglichen Orientierungssinn» des «echten Westmannes»; die Szenen, in denen sich seine Helden aus Verliesen und Gefangenschaften wundersam befreien, sind häufig und liebevoll ausgemalt.

Sie lenkt den Mann von seinem scheinbar unheilbaren Schmerz ab, und – o Wunder – wenn sie ihn lange genug abgelenkt hat, ist der Schmerz schließlich doch geheilt. Sie stellt einen Zusammenhang her, den der verletzte Mann nicht zerreißen muss, weil er ihn als ästhetisches Gebilde vor sich hinstellen und seine konstruktiven Seiten in winzigen Schritten einüben kann: Schehrezade nach dieser Nacht noch nicht zu köpfen, sie sprechen zu lassen und das magische Lasso dieser Stimme nicht zu zerschneiden.

Auch in der Psychoanalyse geht es darum, eine Erzählung nicht abreißen zu lassen, bis etwas geheilt ist, das vorher unheilbar schien. Dennoch sind die grundlegenden Entdeckungen der Psychoanalyse über das Unbewusste Entdeckungen eines Mannes – Freuds – über seine Beziehungen zu Frauen. Aber wir dürfen vermuten, dass auch das Märchen von einem Mann erfunden ist und männliche Sehnsüchte formuliert.

Freuds Selbstanalyse begann bei seiner Mutterbeziehung. Erweitert und zur Wissenschaft objektiviert wurde sie in den Studien über Hysterie, die sämtlich Frauen als Gegenstand haben. Analog ist auch die Urform der Psychoanalyse, die kathartische Hypnose, zunächst einmal ein Geschenk von Anna O. an Joseph Breuer, der freilich die Gabe nicht annehmen konnte. Erst Freud konnte etwas aus ihr machen. Freud hat, als er vom Penisneid sprach, Napoleons Spruch von der Geographie, die das Schicksal ist, abgewandelt. Die Anatomie ist das Schicksal, versichert er uns. Dass er einen derart martialischen Gewährsmann wählte, drückt aus, wie sehr es ihn immer drängte, in diesem Grenzgebiet seine Männlichkeit zu behaupten.*

* Mit dem Argument, er sei zu sehr der Vater, begründet Freud beispielsweise sein Unverständnis gegenüber der mütterlich nachgiebigen «aktiven Analyse», mit der Sándor Ferenczi experimentiert und in der sich ein Analyti-

Die Betrachtung der Zärtlichkeit als zielgehemmter Sexualität führt dazu, dass die Theorie der Libidoentwicklung sozusagen auf dem Kopf steht, das Primäre aus dem historisch Sekundären ableitet. Damit verbunden, muss auch die phallische Phase zu einer Art Naturgesetz werden; ihre Abwehr-Qualität wird nicht mehr erkannt.*

Während Freud die Kultur scharfsinnig kritisierte, ist ihm dasselbe mit dem Patriarchat nicht geglückt. Eine Männlichkeit, die den Phallus nicht sozusagen als Abwehrzauber gegen die bedrohliche weiblich-mütterliche Übermacht braucht, hat Freud nicht konzipiert. Ich will noch ein Beispiel erwähnen, das zeigt, wie tief diese phallische Konzeption in unserer Tradition verwurzelt ist. Ein viel zitierter und illustrierter Spruch lautet: «Post coitum est omne animal triste», nach dem Koitus ist jedes Lebewesen traurig. Dieser Spruch gilt nur im Rahmen einer phallischen Auffassung der Sexualität; hier wird der Mann, sobald er seinen Abwehrzauber gegen die weibliche Übermacht verliert, von einer Verstimmung befallen, die ihn oft dazu führt, die Partnerin zu entwerten und sich von ihr zu distanzieren.

Nach dem Orgasmus schwindet die männliche Gewaltbereitschaft für einige Zeit. Es gibt Beobachtungen, dass sexuell freizügige Kulturen nicht kriegerisch sind und manche Affengesellschaften (Bonobo) fast alle sozialen Konflikte durch Sexualverkehr entschärfen.

Freud glaubt an einen Primat des Phallischen und unterstellt auch dem kleinen Mädchen diese Tendenz. Vermutlich

ker auch zärtlich den Analysandinnen zuwendet. Wer Freuds Freundesbriefe liest, findet darin viel mehr von einer besorgten Mutter als von einem strengen Vater.

* Vgl. die Kritik der psychoanalytischen Entwicklungspsychologie aus evolutionstheoretischer Sicht in W. Schmidbauer, Vom Es zum Ich. Evolution und Psychoanalyse. München 1974.

ist jedoch das Phallische bereits eine Kompensation. Freud schreibt dem kleinen Mädchen eine hilflose Kopie der phallischen Phase des Knaben gerade deshalb zu, weil er nichts davon wissen will, dass eben diese phallische Phase des kleinen Jungen gegen seine Schamgefühle angesichts der weiblichen Übermacht in seiner frühesten Lebensperiode protestiert.

6. Die männliche Gewaltbereitschaft steigt, wenn Männer in ihrer frühen Entwicklung traumatisiert werden. Die Bereitschaft der Mütter zur (verkappten) Rache an ihren Söhnen steigt, wenn sie von Männern gekränkt worden sind.

Viele Männer, die zu Gewalt gegen Frauen neigen, sind überzeugt, selbst Opfer zu sein. Das ist eine Ausrede, aber eine, die auch psychologische Einsichten erschließt. Sie drückt aus, dass der Mann einen Teil seiner Selbstbestimmung der Frau abgetreten hat: Nicht er, sondern sie ist verantwortlich dafür, dass er nicht anders konnte, dass er keinen anderen Ausweg wusste, als Gewalt anzuwenden.

Darin wiederholt sich im männlichen Unbewussten, sozusagen umgewendet und um 180 Grad gedreht, eine frühe Szene weiblicher Übermacht. Sie findet einen anderen Ausgang, der Mann ist stärker geworden als die Frau, er kann sie sich durch den Einsatz von Gewalt unterwerfen.

Besonders auffällig sind hier die Szenen sadistischer Gewalt, das heißt einer Gewalt, die nicht auf einen Wutausbruch zurückzuführen ist, sondern auf die Lust an der Macht über ein unterworfenes, ängstliches, gefesseltes Geschöpf.

Sind solche Männer mit einer Mutter identifiziert, die nach einer vergleichbaren Kontrolle über den kleinen Jungen strebte? Diese These scheint die Ausrede des männlichen Täters ins Psychologische hinein fortzuführen. Aber das muss nicht heißen, dass sie immer falsch ist. Ich halte nichts davon, die psychologische Forschung deshalb aufzugeben, weil manche Ergebnisse, aus dem Kontext gerissen, missbraucht werden.

Wo das Männliche in einer Familie positiv repräsentiert ist, wo die Mutter sich mit einem Mann auseinander setzen kann, wird sie den Sohn nicht missbrauchen, indem sie selbst die phallische Rolle übernimmt. Sie wird nicht in sein Inneres dringen und versuchen, ihn dazu zu zwingen, ihr zu versprechen, ganz anders zu sein als der Vater.

Dieser narzisstische Missbrauch scheint nach meinen Beobachtungen zumindest unter den Analysepatienten (die ja eher der Mittelschicht angehören) häufiger zu sein als der direkte sexuelle Missbrauch, in dem die Mutter nicht nur den groben Vater entwertet, sondern den Sohn in ihr Bett nimmt.

Sadistische Macht

Das sexuelle Ur-Trauma besagt, dass wir uns nicht auf unsere Sexualpartner verlassen können. So variieren zahllose Märchen den Schrecken der Verwandlung. Das Gleiche gilt für Ovids unendlich oft gedeutetes und illustriertes Buch über die Metamorphosen. Unsere Liebsten wandeln ihre Gestalt. Sie werden aus dem Prinzen zum Frosch, sind an sechs Tagen der Woche Menschen fressende Tiere und erst am siebten zärtliche Liebhaber, verstecken einen Fischschwanz unter ihrem Rock und Vampirzähne hinter blühenden Lippen.

Der Ritter Blaubart ist ein König Schehrijar ohne Vorgeschichte. Er betritt die Bühne der Erzählung bereits als fertiger Verführer. Er verwandelt sich, sobald die erst mit süßen Worten gewonnenen Frauen in seiner Macht sind, in einen Mörder, wobei die «mütterliche» Seite mit der in einigen Fassungen der Erzählung auftretenden Thematik des Kannibalismus angesprochen ist. Kannibalische Aggression ist oral bestimmt, sie steht für eine Entgleisung der frühen Beziehung zwischen nährender Mutter und Kind. Der frustrierte Säugling imaginiert, die Mutter aufzufressen; die Angst vor diesem Impuls gibt ihm ein, dass die Mutter auch ihn verspeisen will; kannibalische (oder vampirische) Hexen sind ein verbreitetes Thema der Volkssagen.

In vielen Varianten der Geschichte, deren erste Erzählung von Charles Perrault (Barbe-bleue in *Histoires et contes du temps passé*, 1697) stammt, verbietet Blaubart seiner neuen Frau, in seiner Abwesenheit ein geheimes Zimmer zu öffnen. Sie gehorcht nicht, betritt den Raum, in dem ihre Vorgängerinnen wie in einem Schlachthaus halb entfleischt hängen und große Bottiche mit Blut stehen. In ihrem Schrecken verrät sie sich und soll nun das Schicksal der anderen Opfer teilen.

In den meisten Varianten wird Blaubart nicht geheilt, sondern von den Brüdern einer klügeren Braut getötet. In der Urfassung der Brüder Grimm ist auch das Motiv der nicht endenden Geschichte zumindest teilweise nachweisbar. Die Braut hat den Schlüssel zu dem verbotenen Zimmer in einen Blutbottich fallen lassen. Sie kann ihn zwar wieder herausholen, aber das Blut lässt sich nicht abwaschen, der Ritter verurteilt sie zum Tode. Sie hat mit ihren Brüdern eine Art geistige Verbindung und ruft sie nun zu Hilfe; während sie herbeieilen, betet sie so ausführlich, dass sie Blaubart hinhalten kann, bis die Retter eingetroffen sind. Sie erschlagen den Bösewicht; nun gehören sein Haus und alle Schätze ihnen.

In der zweiten Variante der Brüder Grimm («Fitchers Vogel») sind es drei Schwestern, die von einem Meisterhexer eingefangen werden. Sie erhalten ein magisches Ei, das dem Zauberer verrät, dass die ersten beiden in das verbotene Zimmer gegangen sind, denn sie lassen es in ihrem Schrecken in das Blut fallen. Die dritte aber schließt das Ei ein, entdeckt das Geheimnis, betrügt den Zauberer und sorgt dafür, dass er verbrannt wird.*

Die Zahl der Frauen, die Blaubart mordet, ehe er selbst sterben muss, schwankt zwischen zwei, sechs und elf – die Dritte, die Siebte oder die Zwölfte sind dann die Frauen, denen es gelingt, den Mörder zu bestrafen. In den meisten religiösen und magischen Systemen sind die Drei, die Sieben und die Zwölf «besondere» Zahlen; die erste ist eine göttliche Qualität im Monotheismus (Dreieinigkeit, Dreifaltigkeit); die zweite und die dritte sind ehrwürdige polytheistisch-kalendarische Zahlen (sieben Tage der Woche, sieben Planeten, von denen jeder einem Gott gehört; zwölf Monate des Jahres, Häuser der Sterne, für die dasselbe gilt).

Solche Einzelheiten verweisen auf eine mythische Qualität des Blutopfers. Tatsächlich sind Drachen, denen jährlich eine Jungfrau geopfert werden muss, ein verbreitetes Motiv von Mythen und Sagen. Blaubart ist einer ihrer Erben im Märchen.

Das Opfer an eine höhere Macht soll diese gnädig stimmen. Da diese Macht nach dem Bild des Menschen geschaffen und ebenso unersättlich ist wie dieser, begehrt sie das Kostbarste, was er hat. Daher gehört das Kindsopfer mit ergreifender Genauigkeit zum mythischen Repertoire; es wird erst in späteren Zeiten nicht mehr blutig vollzogen, sondern durch göttlichen Eingriff seiner Härte beraubt. Beispiele sind das Opfer von Iphigenie, der Tochter des mykenischen Königs Agamemnon (die von Artemis nach Aulis entrückt wurde, ehe der Priester sie schlachten konnte), oder das Opfer Isaaks durch Abraham, dem der HERR in letzter Sekunde Einhalt gebot – er solle statt des Sohnes einen Widder schlachten.

* Friedrich Panzer, Kinder- und Hausmärchen der Brüder Grimm. Vollständige Ausgabe in der Urfassung, Nr. 46 und Nr. 62.

Die Geschichte vom Kindsopfer symbolisiert – ebenso wie die Geschichte vom Opfer der Geliebten – die Macht der Eltern, der Ehemänner. Aber Macht ist kein Symbol, sie wird ausgeübt, notfalls auch blutig. Auch in historischer Zeit sind Menschenopfer immer wieder beschrieben worden; James Frazer hat in seinem Sammelwerk «Der goldene Zweig» alle erreichbaren Quellen akribisch gesammelt. Geopfert wurden Männer wie Frauen, Sklavinnen wie Könige. Das Ereignis war selten, wenn wir die Quellen kritisch prüfen (die sich naturgemäß von Sagen oft nur wenig unterscheiden oder tendenziös sind, wie die Berichte der Missionare über die Blutopfer der Azteken), aber es ist sicherlich Teil der *condition humaine.*

Die Deuter des Märchens hat immer die verbotene Kammer am meisten gereizt. Sie verband sich ihnen mit dem Grauen, das die Sexualität auslösen kann, wurde zum Symbol für das Verdrängte, für die «dark and bloody grounds», von denen Karl May spricht. Kein Zufall ist sicher, dass die Retter der bedrohten Braut deren Brüder sind; in allen patriarchalischen Gesellschaften hüten die Brüder die Ehre ihrer Schwester. Der Name «Blaubart» wird in manchen Kommentaren mit einem starken Bartwuchs – also einem Männlichkeitssignal – verknüpft; die Wangen eines Mannes, der täglich einen dichten Bart rasiert, schimmern am Abend bläulich.

Warum Blaubart der geworden ist, als der er auftritt, kümmert die Märchentraditionen in Frankreich, Großbritannien und Deutschland nicht. Die Sage stellt fest; sie interpretiert nicht.

Wer die Kindheit gewalttätiger Männer betrachtet, erinnert sich an den melancholischen Vers von Hölderlin, mit dem dieser den Gegensatz zwischen (männlichem) Ideal und eigenem Erleben beschreibt: Während die Götter im Licht wandeln, stürzen die Sterblichen, «wie Wasser von Klippe zu Klippe geworfen».

Freuds Ödipus-Mythos enthält die tröstliche Verheißung, dass die Mutterbeziehung des Sohnes stabil und liebevoll ist; den Vater muss er gerade deshalb fürchten, weil dieser ihm diese Beziehung neidet. Aber in der Realität ist es sehr häufig so, dass der Sohn, von der Mutter verletzt, Zuflucht beim Vater sucht, der ihn dann wieder zur Mutter zurückstößt.

Volkers Mutter war Bardame und Gelegenheitsprostituierte, sein Vater Hausmeister. Sie ließ ihn oft bei der Großmutter, die kränkelte, und schlug ihn unbarmherzig, wenn er nicht rücksichtsvoll genug gewesen war. Der Vater war ein Tüftler, der an Erfindungen arbeitete, die nie realisiert werden konnten, und von einer Familie, die er schlecht versorgte, das Verständnis einklagte, das ihm alle anderen verweigerten. In den seltenen Fällen, in denen er Zeit für Volker hatte, traktierte er diesen mit langen Geschichten über seine Rolle als verkanntes Genie, das zu einem unwürdigen Beruf und einer primitiven Ehefrau erniedrigt worden sei.

Der Vater verachtete die Mutter, nannte sie eine Hure; die Mutter nörgelte an seinem geringen Verdienst, seiner Bequemlichkeit herum, warum nur habe sie einem solchen Spinner einen Sohn geboren, sie hätte viel bessere Männer haben können. Die Mutter trug mehr zum Lebensunterhalt der Familie bei, aber beide Eltern versäumten es, eine Altersversorgung aufzubauen. So musste Volker sie unterstützen; wie viele vernachlässigte Kinder strengte er sich besonders an, seiner Mutter ein besserer Sohn zu sein, als sie ihm Mutter gewesen war. Sie dankte es ihm mit Vorwürfen: «Der Sohn von X hat seiner Mutter einen Pelzmantel geschenkt; was schenkst du mir?» Volker hatte sich immer vor seiner Mutter gefürchtet; unbewusst war er aber mit ihr identifiziert; einmal erzählte er, dass es ihn als Jugendlichen sehr erregt habe, heimlich Kleidungsstücke seiner Mutter zu tragen. Angespornt durch das negative Vorbild seiner Eltern, entwickelte sich Volker zu einem beruflich erfolgreichen, aber sehr sicherheitsbedürftigen Juristen, der trotz guter Angebote aus der Wirtschaft immer Beamter blieb und wegen seiner Zuverlässigkeit hoch geschätzt war.

In die Behandlung kam er wegen starker Depressionen; er fürchtete, alkoholabhängig zu werden. Seine ebenfalls massiven sexuellen Schwierigkeiten empfand er hingegen nicht als Problem; Frauen, vor allem ihre Geschlechtsteile, seien schließlich ekelhaft und abstoßend, das erlebe er nicht als krankhaft, so gehe es doch vielen Männern, die vielleicht nicht so offen darüber sprächen wie er. Es tue ihm auch Leid, dass er seine Frau so selten befriedige, er habe oft monatelang keine Lust. Sie pflege sich ausgezeichnet, sei sehr sauber und sehr attraktiv, vielleicht ein wenig zu dick, aber insgesamt könne er gar nichts gegen sie sagen. Er bedaure auch sehr, dass er so empfinde. Aber wenn er nur ein wenig Genitalgeruch in die Nase bekomme, dann sei es aus und vorbei, wochenlang, er könnte auf sie eindreschen.

Mindestens einmal hatte er das auch getan; beide hatten etwas getrunken, seine Partnerin wurde zärtlich, wollte mit ihm schlafen. Volker zog sich von ihr zurück; sie reagierte empört; er schlug, außer sich, auf sie ein, sodass sie zu einer Freundin floh.

Diese Situation unterscheidet sich von dem Klischee des sexuell motivierten männlichen Gewaltausbruchs insofern, als es nicht die verweigerte, sondern die geforderte Sexualität ist, die das männliche Selbstgefühl so bedroht, dass die phallische Integrität mit Hilfe eines Gewaltausbruchs wiederhergestellt wird.

Im Schlagen fühlte sich Volker als der Mann, der nicht zu sein er so sehr fürchtete. Die «unzufriedene» Frau ist immer die Mutter, die den kleinen Jungen mit Entzug der narzisstischen Nahrung bedroht. Die Kränkung ist dabei durchaus ähnlich, wenn sie sich ihm verweigert oder wenn sie ihn bedrängt: In beiden Fällen fürchtet er um sein männliches Selbstgefühl, um die Bestätigung seiner Potenz. Der kämpferische, gewaltbereite Körper des Mannes kann die Festigung des Selbstgefühls im Sexualakt notdürftig ersetzen.*

Besonders problematisch scheinen jene Fälle zu sein, in denen die Mutter den Sohn als Sündenbock für das Versagen ihres Ehemanns missbraucht. Sie kann ihn dann sadistisch quälen – solche Merkmale waren bei Volkers Mutter deutlich – oder aber in seinem Kompetenzgefühl verletzen.

Das war bei Joseph geschehen, dessen Mutter seinen Vater immer wieder völlig entwertete, sich ihm dann aber doch unterwarf und Joseph «verriet», der mit ihr Pläne geschmiedet hatte, den Vater zu verlassen. Der Vater lebte ein sexuelles Verhältnis mit einer Schwester der Mutter in brutaler Offenheit – wenn der Mutter etwas nicht passe, könne sie sich scheiden lassen. Die Mutter zog Joseph in ein immer wieder enttäuschtes Vertrauen; er kämpfte für sie beim Vater, und sie fiel ihm in den Rücken, um den Vater für sich zu gewinnen. In seiner Ehe war Joseph ungeheuer bemüht – er beschenkte seine Frau großzügig, las ihr Wünsche von den Augen ab – und gleichzeitig ein Tyrann, der jeden Widerspruch mit Drohungen und Schlägen bekämpfte.

Die Gewaltbereitschaft der Mutter führt gegenüber dem Sohn viel häufiger, als es männlichen Wunschträumen entspringt, zu realen Misshandlungen. Aber noch viel öfter benutzt die Mutter ihre geistige und soziale Überlegenheit, um den Sohn zu blamieren, zu kränken, ihn auflaufen zu lassen, seine Männlichkeit zu erschüttern und ad absurdum zu führen.

* Es ist heikel, Gewalttätigkeit mit erlittener Gewalt in der Kindheit zu verknüpfen; derlei Verbindungen können als Rechtfertigung missbraucht werden. Wir unterstellen dem Geistesgesunden, dass er, unabhängig von seinem Kindheitsschicksal, sein Verhalten verantwortet. In der Literatur wurzelt männliche Gewalt meist in den Schlägen des Vaters. Aber der prügelnde Vater scheint für das männliche Selbstgefühl weniger destruktiv als eine Mutter, die den Sohn quält, entwertet, ihn das entgelten lässt, was ihr als Gewalt von Männern widerfährt.

Ihre sadistischen Aktionen mag sie vor sich selbst sogar als Versuch rechtfertigen, ihren Jungen zu einem Mann zu erziehen, der «ganz anders» ist als der entwertete Vater. Dann dient es einem guten Ziel, wenn sie am Sohn alle Enttäuschungen über ihren Ehemann, ja über die Männer schlechthin abreagiert, es wird ihm eine Lehre sein. Eine Mutter, die ihre gekränkte Weiblichkeit nicht betrauern kann, sondern sie gegen die Söhne agiert, gefährdet immer deren Selbstgefühl und verstärkt ihre kompensatorische Gewaltbereitschaft.

Häufig ist der Vater, dessen sadistische Züge eine Tochter beschreibt, Opfer einer sadistischen Mutter. Eine Analysandin, die in ihrem Kontakt mit Männern erheblich beeinträchtigt war, beschrieb eine Szene: Der Vater sah in der Nachkriegszeit, dass sie zwei Scheiben Brot trocken aß, um wenigstens die dritte «richtig» mit der wenigen Wurst bestreichen zu können, die ihr zugeteilt war. Er nahm ihr die Wurstration weg und sagte, wenn sie so lüstern sei, müsse sie die dritte Brotscheibe auch trocken essen.

Wenn er gut gelaunt war, erzählte dieser Vater von seiner Mutter, dass sie in der Stadt dafür bekannt gewesen sei, dass sie ihre Söhne benachteiligte. Die Töchter durften mit ihr im Wagen fahren, die Söhne mussten zu Fuß gehen. Dieses Motiv der Entwertung der Söhne findet sich, wenn man erst aufmerksam geworden ist, in Familiengeschichten nicht selten.

Bodo, der immer wieder gewalttätig reagierte, wenn ihm Frauen zu nahe kamen oder nicht nahe genug, wäre in einer oberflächlichen Befragung als verwöhnter Sohn erschienen. Er war der einzige Junge neben vier Schwestern. Dieselbe Betrachtungsweise hätte Bodos Gewaltbereitschaft, seine Depressionen und seine Persönlichkeitsprobleme ausschließlich mit seinem Vater verknüpft, der ein Choleriker war und alle Kinder prügelte, wenn sie nicht parierten. Die Analyse zeigte, dass die unerträglichen Spannungen, in die Bodo durch Differenzen mit seinen Partnerinnen geriet (er war dreimal geschieden und heiratete während der Analyse ein viertes Mal), mit einer sadistischen Behandlung durch seine Mutter zusammenhingen, die – verborgener als die oben zitierte Mutter, die mit ihren Töchtern im Wagen fuhr und die Söhne zu Fuß gehen ließ – mit ihm nichts anfangen konnte.

Sie versorgte ihn körperlich gut, aber sie interessierte sich nur für ihre Töchter und überließ ihn sich selbst; wenn er rebellierte, meldete sie das dem Vater, der ihn abstrafte. Bodo entwickelte einen glühenden Neid auf den Kontakt, den seine Schwestern mit der Mutter hatten. Lange Zeit war er ein ängstlicher Junge, wurde in den ersten Schulklassen zum Prügelknaben und entwickelte nach einigen Jahren die Überkompensationen, die seinen Erfolg bei Frauen ermöglichten: Er trainierte mit Hanteln und wurde erschreckend muskulös; er war Extrembergsteiger und schien sich vor nichts zu fürchten. Aber er konnte Nähe und Distanz zu seinen Partnerinnen erst nach einem langen und schmerzlichen analytischen Prozess ohne Gewalt regulieren – wenn sie sich ihm verweigerten, ja, wenn sie ihn nur nicht auf die von ihm gewünschte Weise verführten, reagierte er lange Zeit mit Wutausbrüchen und/oder Selbstmordphantasien.

Nicht mehr reden können und sich doch um jeden Preis mitteilen wollen – das ist die Formel, auf die sich die Gewaltausbrüche dieser Männer bringen lassen. Sie richten ihre Wut gegen Frauen, die ihnen eine Stütze versagen, welche das frühe Trauma kompensieren könnte. Es ist die Stütze der Unterwerfung: Die Frau soll keinen eigenen Willen haben, der vom Willen des Mannes abweicht, sondern sie soll wollen, was er will, aber nicht sagen kann, weil er dadurch seine Abhängigkeit von der Zuwendung dieser Frau verraten würde.

Es ist illusionär, durch Gefügigkeit eine sadistische Einstellung ins Leere laufen zu lassen. Das mag funktionieren, wenn die Wut gering ist oder abgelenkt werden kann; in anderen Fällen wird der Sadist die Gefügigkeit als verleugneten Widerstand bekämpfen und – wenn durch seine Provokationen der Widerstand offenkundig wird – seine Gewaltausübung triumphierend steigern: Jetzt endlich tritt das wahre Selbst seiner Opfer an die Oberfläche. Auf einen Dialog gebracht, sieht dieses Muster so aus:

«Tu, was ich dir sage!»

«Bitte sehr!»

«Du hast es nicht gut genug getan!»

«Sag mir, was ich besser machen kann!»

«Wenn du wirklich aufmerksam wärst, hättest du es bereits begriffen!»

«Du verlangst Unmögliches! Niemand kann deine Wünsche erraten!»

«Ich wusste ja gleich, dass du gegen mich bist, na warte!»

Rechtfertigung und Entwertung

Es ist in der aufgeheizten Stimmung, die zu allen Diskussionen über Traumatisierungen gehört, fast unmöglich, nicht gebetsmühlenartig zu wiederholen, dass Untersuchungen über die Motive einer Entwicklung in einem psychologischen, keinem juristisch-politischen Kontext stehen. Psychologie ist die *Wissenschaft* vom Erleben und Verhalten; die *Verantwortung* für Verhalten und die Rechtsprechung sind nicht Gegenstand der Psychologie. In der Alltagsrede wird freilich Psychologie vor allem verwendet, um Verhalten zu rechtfertigen und so zu erklären, dass es «verständlich» und damit harmlos-verzeihbar wird.

Psychologen können als Personen missverstanden werden, die wissenschaftlich abgesicherte Rechtfertigungen produzieren. Das macht ihr Fach attraktiv und führt dazu, dass der ernsthaft arbeitende Psychologe nur bei sorgfältiger Betrachtung und nach längerer Zeit vom Scharlatan zu unterscheiden ist, der rhetorisch geschickt seine Rechtfertigungen an die Frau/den Mann bringt.

Der hier unternommene Versuch, die Wechselwirkung in der sexuellen Traumatisierung zu beschreiben und ihre Folgen zu untersuchen, kann missbraucht werden, um Rechtfertigungen abzuwickeln: «Blaubart» führt als Ausrede seine narzisstisch kränkende Muttererfahrung an, Blaubarts Mutter beklagt sich über die Gewalt und Verständnislosigkeit von Blaubarts Vater.

5 TRAUMATISCHE ENTWICKLUNGEN

Jedem menschlichen Neuankömmling ist die Aufgabe gestellt, den Ödipuskomplex zu bewältigen; wer es nicht zustande bringt, ist der Neurose verfallen.

S. Freud, Die Umgestaltungen der Pubertät, GW V, S. 127

Die Individualisierung der Paare

Aus der Betrachtung von Bauten oder Gemälden in Europa wissen wir, dass einer Zeit allgemeiner und weitgehend einheitlicher «Stile» wie Romanik, Gotik, Renaissance, Barock, Rokoko und so weiter eine Periode folgte, in der jeder Künstler – allen voran die Architekten – aus einem Fundus von unterschiedlichen Formen seine Werke wie aus einem Baukasten zusammensetzte.* Derselbe Künstler konnte heute einen Bahnhof im romanischen Stil** entwerfen, morgen eine gotische Kirche, übermorgen ein Rokoko-Landhaus.

Die dahinter liegende Idee war, aus der bisherigen Baukunst das «Beste» zu nehmen und daraus neue Formen zu komponieren. Der Stil der historistischen Epoche verlor sozusagen den Glauben an eine einheitliche «Manier», wie es der Spitzbogen in der Gotik oder das Muschelornament im Rokoko war. Er ersetzte ihn durch Gleichzeitigkeit aller bisher entwickelten Formen.

* Diesen Vergleich habe ich in W. Schmidbauer, «Du verstehst mich nicht!». Die Semantik der Geschlechter, entwickelt, vgl. dort, S. 14, 194. Zu den soziologischen Aspekten siehe E. Beck-Gernsheim und U. Beck, Das ganz normale Chaos der Liebe. Frankfurt 1990.

** Auch der Stilbegriff hatte seine Blütezeit in dieser Epoche.

Zu den Anfängerfragen in der Kunstgeschichte gehört: «Ist diese Kirche, diese Figur gotisch oder neugotisch, barock oder neubarock (d. h. eine historistische Nachschöpfung)?» Sie ist keineswegs immer leicht zu beantworten. Zu den Ironien des 19. Jahrhunderts gehört, dass manchmal auch echte gotische Altäre aus den Kirchen gerissen und durch neugotische Nachschöpfungen ersetzt wurden.

Typisch für die Moderne ist keine «moderne Ehe», obwohl es dieses Schlagwort gibt, sondern eine Beziehung, die aus einem Baukasten überlieferter Formen zusammengesetzt wird. Die Partnerschaft kann freizügig sein oder höchsten Wert auf absolute Treue legen. Hier teilen sich Mann und Frau Haus- und Kinderarbeit, dort lebt der allein verdienende Ehemann mit einer Hausfrau oder die allein verdienende Frau mit einem Hausmann. Es gibt Ehen von Doppelverdienern, bei denen die Frau Haus- und Kinderarbeit zusätzlich erledigt, oder Partnerschaften, in denen sich beide Eltern Haus-, Erwerbs- und Kinderarbeit auf eine Weise teilen, die beiden behagt. Aus dieser Situation wird deutlich, dass Partner aufeinander angewiesen sind, wenn sie die Probleme angehen, die während ihrer Beziehung und durch die Sorge für gemeinsame Kinder entstehen. Es gibt den Rückhalt nicht, den früher soziale Normen schufen, die den Spielraum der Individuen einengten und durch massive Sanktionen Konfliktpotenziale amputierten.

Liebevolle Beziehungen entstehen unter glücklichen Umständen bei den meisten Menschen. Und ebenso entgleisen viele von uns unter ungünstigen Umständen in Hass und Entwertung, in den pharisäischen oder gar den kannibalischen Narzissmus, der zerstört, wovon er sich nähren möchte. Der Freud-Schülerin Melanie Klein verdanken wir viele Einsichten in die primitiven Idealisierungs- und Entwertungsprozesse seelisch gestörter Menschen. Klein beschrieb eine frühe narzisstische Position (sie nannte diese etwas missverständlich «paranoid»), in der während der Verliebtheitsphase alle Einwände gegen die oder den Geliebten abgespalten werden, während in der Liebesenttäuschung die Hass-Seite der Ambivalenz den Betroffenen überschwemmt. Sie nahm zu Beginn ihrer Forschungen an, dass sich in der normalen seelischen Entwicklung diese «paranoide Position» dauerhaft stabilisiert. Sie verwandelt sich in eine «depressive Position».

Das ist in guter analytischer Tradition ein Ausdruck aus der Psychiatrie für eine normale Sache. Die depressive Position ist keineswegs traurig, sie mäßigt nur die Idealisierungen und Entwertungen des primitiven Narzissmus. Sie kann Ambivalenzen tolerieren und verliert die guten Eigenschaften eines Partners nicht vollständig, wenn er etwas tut, was mich stört und sein Bild trübt.

Melanie Klein glaubte zunächst, dass sich alle Menschen von solchen primitiven Mechanismen zu reiferen Haltungen entwickeln und wir schon als Kinder definitiv den Wunsch überwinden können, über dem Hass auf einen enttäuschenden Liebespartner die Zuneigung oder schlicht den Nutzen zu vergessen, den wir aus dem Kontakt gewonnen haben und künftig gewinnen werden. Später, nach langer therapeutischer Praxis mit Kindern und Erwachsenen, kam sie zu einer realistischeren Einschätzung: Beide Haltungen, die reife (depressive) und die unreife (paranoide), begleiten den Menschen sein Leben lang. Unreife Einstellungen werden überformt, nicht abgelegt. Es ist ähnlich wie mit dem Faschismus in der Politik oder dem Fundamentalismus in der Religion. Wir können nie sicher sein, dass nicht auch in scheinbar stabilen demokratischen Verhältnissen Mechanismen überleben, die von einem fanatischen Demagogen in einer Zeit der Unruhe so rasch und unaufhaltsam geweckt werden können, dass ein Land nach wenigen Jahren nicht wiederzuerkennen ist.

Fanatismus entsteht, wenn die seelischen Vorgänge, welche

das Selbstgefühl regeln, Ambivalenzen nicht tolerieren können, sondern sie spalten müssen. Nur wer über eine entwickelte Regelung des Selbstgefühls verfügt, kann die Schattenseiten der Personen verarbeiten, von denen er sich Liebe wünscht, kann akzeptieren, dass Menschen mit anderen Werten als den seinen nicht wertlos sind und nicht alle zur Hölle fahren sollen, die seine Überzeugungen nicht teilen. Für den traumatisierten Menschen, der nach Wiedergutmachung sucht, ist es sehr schwer, die Tatsache zu verarbeiten, dass Liebe in der Realität nicht «rein» ist.* Die, die wir lieben und von denen wir geliebt sein wollen, sind kaum je ganz uneigennützig, durch und durch liebevoll – was Wunder, denn wir sind das auch nicht.

Realistische Liebende rechnen von Anfang an mit dieser Möglichkeit, stellen sich auf sie ein und kompensieren Enttäuschungen mit der Einsicht in eigene Schwächen.

Traumatisierte, in ihrem Selbstgefühl verletzte Liebende können die Schwächen des Partners nicht ertragen, von dem sie sich Ausgleich ihrer Verwundungen erhoffen. Sie können auch eigene Schwächen nicht realistisch einschätzen, sie sind entweder perfekt, haben keinen Fehler gemacht, während der Partner total versagte; oder sie sind selbst totale Versager, die es verdienen, missachtet zu werden.** Insofern gleichen sie politischen Fanatikern und Rassisten: Sie können an das Gute nur

* Richten sich deshalb die Versprechungen der Religion an Traumatisierte? Das wäre eine eigene Untersuchung wert, die sich freilich mit dem schwierigen Problem einer Eingrenzung des Traumabegriffs zu beschäftigen hätte.

** Die inzwischen sehr verbreiteten Dominanz-Spiele der Sexualität setzen solche Muster in Szene: Sonst nicht gelingende Lust kann sich entfalten, wenn ganz klar ist, wem in der erotischen Interaktion alle Macht und Tugend oder aber alle Ohnmacht und Minderwertigkeit zuzuordnen ist. Domina und Sklave reinszenieren eine Philosophie, die in der Antike Pythagoras zugeschrieben wurde: «Es gibt ein gutes Prinzip, das die Ordnung, das Licht und den Mann, und ein schlechtes Prinzip, das das Chaos, die Finsternis und die Frau geschaffen hat.»

glauben, wenn sie etwas Böses bekämpfen; sie brauchen eine Gruppe, der Macht und Ansehen zusteht, und ein Feindbild, das diese Gruppe bedroht.

Das Vier-Felder-Modell

In der Praxis hat sich ein Vier-Felder-Modell der Interaktionen bewährt, die im Zusammenhang mit Kompensationsversuchen traumatischer Erfahrungen auftreten.

1. Zwei wenig traumatisierte Partner: Hier kann die Verliebtheit mit ihren illusionären Idealisierungen schrittweise und mit einem Gefühl der Zuversicht in einen gemeinsamen Alltag umgewandelt werden.

2. Ein traumatisierter Mann und eine nicht traumatisierte Frau: Hier kann diese Entwicklung äußerlich ganz ähnlich gelingen wie im ersten Fall. Aber diese Unauffälligkeit verändert sich, wenn es gilt, eine Krise zu verarbeiten. Dann wird deutlich, dass die Frau damit überfordert ist, diese Situation allein zu bewältigen. Solche Paare haben keine Reserven und wenig Möglichkeiten, in Krisen einander Rückhalt und Regenerationsmöglichkeiten zu verschaffen.

Die Frau trägt die Last der «Beziehungsarbeit», sie kann aber Kränkungen ihres Partners nur begrenzt ausgleichen, weil dieser sie darin nicht unterstützt. Solche Beziehungen wirken oft stabil und werden auch lange aufrechterhalten, da Frauen vielfach erzogen werden, Schwächen ihrer Partner durch verstärkte Anstrengung und Rücksichtnahme auszugleichen. Vor allem Entgleisungen in Sucht und/oder Gewalt werden aufgefangen. Die narzisstische Störung des Mannes fällt nicht auf, weil die Frau sich ihr geschickt fügt. Diese weibliche Selbstaufopferung ist ein Thema der hohen wie der trivialen Literatur, von Penelope und Alkestis bis zur «kleinen Seejungfrau».

Solange der traumatisierte, aber durch die Beziehung stabilisierte Partner zum Beispiel beruflich erfolgreich ist, gibt es keine Probleme in der Ehe. Verliert er seine Arbeit, entgeht ihm eine Karrierechance, dann ist die Gefahr groß, dass er die Partnerin nicht mehr als Stütze erlebt, sondern sie als Sündenbock missbraucht. Oft schlummern solche Krisen und brechen erst aus, wenn ein Paar die Wiederannäherung bewältigen soll, die angesichts eines gemeinsamen Lebensabends nach der Pensionierung des bisher berufstätigen Partners ansteht.

Ähnlich ist es mit den Kindern: Solange sie den Vater bestätigen und sein Prestige steigern, ist er der zärtlichste Papa. Wenn sie aber in der Schule versagen, ihm widersprechen oder in die normale Phase der Ent-Idealisierung der Eltern während der Adoleszenz eintreten, dann ergibt sich schnell die Konstellation einer Mutter-Kind(er)-Einheit, die den Vater ausgrenzt. Er hat schon immer in Krisen getrunken, jetzt trinkt er noch mehr; er hatte schon immer Anfälle von Jähzorn, sie werden schlimmer; er war bisher latent gewalttätig, jetzt manifestiert sich seine Gewalt.

3. Eine traumatisierte Frau und ein nicht traumatisierter Mann: Hier wird der Mann oft von dem Angebot einer scheinbar unbegrenzten, rückhaltlosen und uneigennützigen Liebe abhängig, zumal er gewohnt ist, der Frau die Beziehungsarbeit zu überlassen. Er genießt die angebotene Idealisierung, nimmt die Opfer an seine Wünsche ohne großes Nachdenken über die damit unbewusst verknüpften Verpflichtungen an und fällt aus allen Wolken, wenn ihm irgendwann eine Rechnung präsentiert wird: Wieso hat sie ihm das alles gegeben, was sie jetzt aufrechnet? Er wollte doch gar nicht so viel, er wäre ohne diese Fülle der Liebesbeweise genauso zufrieden gewesen. Solche Beziehungen können stabil bleiben, wenn der Mann die Idealisierung seiner Person kritisch einschätzen kann, eine auch für relativ reife Männer keineswegs leichte

Aufgabe. Dazu wäre es notwendig, dass er auf die ersten Signale der Störung seiner Partnerin reagiert und sich nicht zu einem Versuch hinreißen lässt, sie für ihre Traumatisierung zu entschädigen.

Beispiel: Ein Witwer mit zwei kleinen Kindern ist glücklich, dass seine neue Freundin bereit ist, sogleich zu ihm zu ziehen, ihre Arbeit zu reduzieren und sich für die Halbwaisen zu engagieren. Er wäre auch so zurechtgekommen, er arbeitet zu Hause, seine Mutter hilft ihm, aber die von ihr angebotene Lösung gefällt ihm besser, zumal sie beteuert, sie liebe Kinder und freue sich jeden Tag darauf, mit seinen Töchtern zu spielen, diese seien ganz wie eigene Kinder.

Nach einigen Monaten macht sie ihm eine heftige Szene während eines Abendessens zu zweit, das besonders gemütlich werden sollte. Sie beschimpft ihn als Egoisten, der sich von Frauen bedienen lasse, und bricht schließlich in Tränen darüber aus, dass die Töchter ihn, der keinen Finger für sie krümme, mehr respektierten als sie. Er habe seine verstorbene Frau tausendmal mehr geliebt als sie, habe ihr ein Haus gebaut und es mit ihr eingerichtet, sie aber fühle sich überflüssig und als Magd missbraucht.

Der Mann ist verblüfft, gerührt, er versucht sie zu trösten; nachher versöhnen sie sich und schlafen besonders zärtlich miteinander. Aber die Szenen wiederholen sich, der Mann versucht wieder, ihre jäh hervorbrechenden Gefühle, benachteiligt zu sein, zu entkräften. Er heiratet sie ohne rechte Begeisterung, damit ihre Vorwürfe verschwinden, er nehme sie nicht ernst; er plant und baut ein zweites Haus, damit sie sich endlich in ihrer eigenen Welt fühlt; er ist mit einer Schwangerschaft einverstanden, obwohl er selbst lieber nicht nochmal ein Baby im Haus hätte.

Die Wutausbrüche werden durch dieses Entgegenkommen aber nicht seltener, sondern häufiger, weil die Partnerin spürt, dass er «nur» ihrem Druck nachgibt. Sie richten sich gegen die einst so geliebten Töchter des Mannes – «Hau doch ab mit deinen Bälgern, ich will euch nicht mehr bedienen!» Der gemeinsame Sohn ist jetzt ihr Augapfel; die früher intensive sexuelle Beziehung schwindet seit seiner Geburt dahin. Die Trennung ist schmerzhaft für beide Seiten; während er schnell in eine neue Beziehung findet, bleibt sie mit dem Sohn allein und engagiert sich in einer esoterischen Bewegung.

4. Zwei traumatisierte Partner: Diese Beziehung wird die Vermutung wecken, sie sei wenig dauerhaft. Das stimmt aber nicht; es gibt neben den schwerwiegenden Konfliktquellen auch intensive Bindungskräfte. Außerdem sind traumatisierte Menschen besonders darauf angewiesen, dass sich ihre Umwelt nicht verändert; sie hängen an Wohnungen, Häusern, Stadtvierteln in einer Weise, welche die normalen Bindungen an die eigene Heimat weit übertrifft. Ähnlich hängen sie auch an dem Menschen, mit dem sie zusammenleben.

Traumatisierte Menschen wissen um die Schrecken der Einsamkeit und tun viel, um diese zu vermeiden. Daher gibt es hier äußerlich stabile Beziehungen, die beide Partner in einem Zustand des ermäßigten Elends halten. Ihre Bindungskraft wird oft unterschätzt.

Der naive Therapeut, der die Dynamik des kannibalischen Narzissmus nicht verstanden hat, kann sich angesichts der Entwertungslitanei, die er über einen abwesenden Partner hört, nur mühsam (und oft gar nicht) von dem Rat zurückhalten, doch umgehend die Scheidung einzureichen oder die Polizei zu Hilfe zu rufen. Demgegenüber fragt sich der erfahrene Berater, die wievielte in einer Reihe solcher Entlastungsdeponien er ist. Wie kann er herausfinden, warum die Reihe der Klagen so lang werden musste? – Schließlich hätte doch die erste Kränkung schon ausgereicht, den Versuch des Zusammenlebens wieder aufzugeben.

Für das unsichere Selbstgefühl ist es immer eine Wohltat, eine Person wahrzunehmen, die ebenso unsicher oder noch unsicherer ist. Das harmlose Beispiel ist die adipöse Patientin, welche mit Triumphgefühlen auf jede Frau blickt, die dicker ist als sie. Gefährlicher sind Menschen, die nach dem Bonmot von Oscar Wilde «anderen auf die Zehen treten, wenn sie die eigenen Hühneraugen schmerzen», traumatisierte, narzisstisch belastete Personen, die mit hoher Sensibilität nach den Schwachstellen ihrer Partner suchen und diese, voller Stolz auf ihre Findigkeit, bloßstellen.

Manische Abwehr und Retraumatisierung

Die Manie ist ein seelischer Zustand, in dem der im normalen Erleben charakteristische Unterschied zwischen Idealbild und Ich aufgehoben scheint. Dem Maniker ist alles möglich, er hat keine Grenzen, er muss keine Rücksicht nehmen, denn er möchte nicht nur grandios sein, wie wir das alle möchten, nein, er ist es wirklich!

Die Extreme dieser Störung haben schon früh die Nervenärzte zu klassifikatorischen Bemühungen veranlasst. Ihr zentrales Konzept ist die «manisch-depressive» Psychose, in der sich Phasen der Selbstüberschätzung mit solchen der Selbstunterschätzung abwechseln. Dazwischen kann der Kranke auch weitgehend normal erscheinen. Während die biologische Psychiatrie hier über Erbanlagen nachdachte und nachdenkt, geht die psychoanalytisch orientierte Betrachtungsweise in eine andere Richtung: Sie sieht Normalität als ausgewogene Mischung manischer und depressiver Qualitäten.

Im Zusammenhang mit der Traumatisierung ist vor allem das Konzept einer manischen Abwehr interessant. Sie fällt bei vielen Traumatisierten auf und ist oft das einzige Zeichen ihrer Verletzungen. Wenn ich in einer Selbsterfahrungsgruppe einen Menschen sehe, der von allen «normalen» Problemen des Lebens unberührt erscheint, der gegen Leid, Kummer, Kränkung und Verlust eine Zuversicht entwickelt, die gesünder ist als gesund, dann hat mich die genauere Nachforschung meistens darüber belehrt, dass er massive Traumatisierungen erlebt und womöglich früher einmal eine psychotische Episode durchgemacht hat.

Leichtere Formen der manischen Abwehr sind viel verbreiteter als die massiven, psychotischen, in denen die Realitätsorientierung zerbrochen ist. Diese hypomanische Qualität zeigt beispielsweise die Arbeitssucht der Traumatisierten, die bis zur Erschöpfung schuften und am Wochenende ein anspruchsvolles Hobby haben, sodass sie buchstäblich keine Minute zum Nachdenken kommen.

In anderen Fällen führt die Verletzung dazu, dass unermüdlich und in extremer Form bewiesen werden muss, dass das Trauma nicht mehr existiert. Unter diesem Gesichtspunkt müssten wir in der Lebensgeschichte von Don Juan eine Situation finden, in der er auf höchst verletzende Weise in seiner Männlichkeit entwertet und verlassen wurde; seine hypomanische Abwehr führt ihn dann dazu, dieses Schicksal einer Frau nach der anderen zuzufügen und über diese Taten ein Register zu führen, um sich jederzeit beweisen zu können, dass es auf der weiten Erde keinen Mann gibt, der weiter davon entfernt ist, ohnmächtig, abhängig oder impotent zu sein, als er.

Der von seiner Mutter hinter seine Brüder zurückgesetzte Richard setzt periodisch seine Ehe aufs Spiel, weil er sich in Frauen verliebt, die ihm wie wahre Engel erscheinen. Bei seiner Ehefrau bleibt er nur aus schlechtem Gewissen gegenüber den Kindern. Wenn die Geliebten dann Ansprüche an ihn richten, verwandeln sie sich in verständnislose Langweilerinnen; die Ehefrau ist doch besser.

Richard kompensiert eine traumatische Mutterbeziehung dadurch, dass er die «böse Mutter» (seine Ehefrau) demoliert und die «gute Mutter» (die neue Geliebte) als Leitstern an sein Firmament setzt. Er ist nie von einer Frau abhängig, er hat stets zwei Frauen – eine, die ihn einengt, eine, die er begehrt. So glaubt er sich vor den schmerzlichen Enttäuschungen zu schützen, dass er zugunsten eines seiner Brüder verachtet wird.

Aber im Aufbau dieses Schutzes wiederholt er die traumatisierende Situation. Auch jetzt muss er immer wieder erleben, dass ihn Frauen hassen, ihn entwerten, ihn bedrohen. So kann er nie sicher sein, ob er nicht aus seinen Liebesträumen grausam aufgeweckt wird. Obwohl er doch nur Liebe will, erntet er Gefahr, weil er glaubt, dem Schmerz von Trennung und Trauer nicht standhalten zu können.

In der Sehnsucht nach Idealisierung, nach der guten Mutter, inszeniert er sich immer wieder den Verlust, die Trennung, die Entwertung seiner Liebeskraft.

Brigitta

Ein fesselndes Beispiel für diese Dynamik ist Adalbert Stifters Erzählung «Brigitta». Stifter beschreibt, wie ein Mädchen geboren wird, dem die gewöhnliche Harmonie der Züge fehlt, die Menschen als Schönheit empfinden. Es wird deshalb von seiner Mutter nur aus Pflichtgefühl angenommen. Später lehnt Brigitta die nun aus Reue kommende Liebe der Mutter ab:

«Als sie [Brigitta] in ihren Spielen vorrückte und behender ward, verdrehte sie oft die großen wilden Augen, wie Knaben tun, die innerlich bereits dunkle Taten spielen. Auf die

Schwestern schlug sie, wenn sie sich in ihre Spiele einmischen wollten – und wenn jetzt die Mutter in einer Anwandlung verspäteter Liebe und Barmherzigkeit das kleine Wesen in die Arme schloß und mit Tränen benetzte, so zeigte dasselbe keineswegs Freude, sondern weinte und wand sich aus den fassenden Händen. Die Mutter aber wurde dadurch noch mehr zugleich liebend und erbittert, weil sie nicht wußte, daß die kleinen Würzlein, als sie einst den warmen Boden der Mutterliebe suchten und nicht fanden, in den Fels des eigenen Herzens schlagen mußten und trotzen.»*

Brigitta wächst zu einer wilden, einsamen Jungfrau heran, die – gerade weil sie anders ist als alle anderen Frauen – die Aufmerksamkeit eines umschwärmten, besonders geistreichen und anziehenden Mannes auf sich lenkt. Dieser hat ebenfalls etwas Wildes, was aber seine Anziehungskraft nur steigert; er ist auf dem Lande aufgewachsen und viel gereist.

Brigitta erkennt, dass Stephan Murai von ihr gefesselt ist, sie kann aber nicht an seine und ihre Liebe glauben und durchweint eine ganze Nacht. Sie zieht sich von ihm zurück. Schließlich spricht er sie darauf an: Ob sie ihm abgeneigt sei? Stifter beschreibt nun das Idealisierungsbedürfnis einer Traumatisierten:

«Nicht abgeneigt, Murai», antwortete sie, «o nein, nicht abgeneigt; aber ich habe auch eine Bitte an Sie: tun Sie es nicht, tun Sie es nicht, werben Sie nicht um mich, Sie würden es bereuen!»

«Warum denn, Brigitta, warum denn?»

«Weil ich», antwortete sie leise, «keine andere Liebe fordern kann als die allerhöchste. Ich weiß, daß ich häßlich bin, darum würde ich eine höhere Liebe fordern als das schönste

* A. Stifter, Brigitta, ed. E. Hederer. Bergen (Müller und Kiepenheuer), o. Jz., S. 38.

Mädchen dieser Erde. Ich weiß es nicht, wie hoch, aber mir ist, als sollte sie ohne Maß und Ende sein. Sehn Sie – da nun dies unmöglich ist, so werben Sie nicht um mich. Sie sind der einzige, der danach fragte, ob ich auch ein Herz habe, gegen Sie kann ich nicht falsch sein.»*

Die Geschichte Brigittas nimmt das zentrale Thema von Stifters großem Roman «Der Nachsommer» vorweg. Auch hier verlieren sich die Liebenden zunächst, weil sie an ihrer Liebe zweifeln und ihre idealen Auffassungen nicht in den Alltag retten können. Aber nach langer Trennung gelingt die Wiederannäherung auf einer von Leidenschaft befreiten, von reiner Zärtlichkeit getragenen Grundlage. Auch Brigitta und Stephan müssen sich aus kleinem Anlass und großem Missverständnis trennen; jeder ist zu stolz, um einzulenken und die aufgerissene Kluft der Entwertungen zu überbrücken. Das gelingt erst viele Jahre später.

Das verinnerlichte «gute Paar»

... dass der Vater ... die Hauptschuld an dem
unerträglichen Wesen seiner Tochter auf die Mutter zu schieben suchte,
deren Eigenheiten allen das Haus verleideten.

S. Freud, Bruchstück einer Hysterie-Analyse, GW V, S. 185

Über einzelne Verletzungen der kindlichen Psyche hinaus setzt das Klima zwischen den Eltern Schäden, die oft schwerer wiegen, aber weniger ins Auge fallen. Eltern, die sich gegenseitig entwerten, vergiften das (sexuelle) Selbstgefühl ihrer Kinder in einer Weise, die kaum überschätzt werden kann, selbst dann, wenn jeder Elternteil das Kind liebt und nicht versucht, es als

* Brigitta, a. a. O., S. 44.

Bundesgenossen im Entwertungskrieg gegen den Partner zu gewinnen.

Ein Elternpaar, das seine eigene Sexualität nicht regeln kann, unterwirft seine Kinder den Lebensbedingungen auf einem vulkanischen Gipfel, wo heiße Quellen ein überstürztes Wachstum anstacheln und Temperaturstürze die keimende Vegetation schädigen. Kinder werden zu Komplizen einer Befriedigung, die der Partner nicht gibt, zu Sündenböcken für Entwertungen und Verbote, die an sich dem Partner gelten.

Die Mutter spricht davon, dass der Vater nichts taugt, nicht genug verdient, Potenzschwächen hat, all ihre Freundinnen haben sie vor diesem Mann gewarnt, Männer sind ohnedies Schweine. Der Vater benörgelt ihre Kochkunst und behauptet, dass Frauen dumme Gänse sind, die ihr Leben damit verbringen, sich zu schminken, Geld auszugeben und zu klatschen. Die Mutter deutet an, dass der Vater ein rücksichtsloser Vergewaltiger ist; der Vater spricht von einer frigiden Zicke. Die Kinder werden zu Vertrauten eines oder (abwechselnd) beider Elternteile. Darüber verlieren sie das Vertrauen in die Möglichkeit des guten Paares. Nur das innere Bild eines solchen Paares ermöglicht es den Liebenden später, die Enttäuschungen zu verarbeiten, die sich aus dem Abbau von Idealisierungen im Alltag ergeben. Wo es fehlt, fehlt auch das Netz, um den Absturz aus hoch gespannten Erwartungen heil zu überstehen.

Daher können wir eine zweite Einteilung konzipieren: Die günstigsten Erfolgsaussichten hat die Beziehung, in der beide Partner das innere Bild des guten Paares in sich tragen. Die schlechtesten jene, in der es kein Partner besitzt; die gemischten Formen besetzen das Mittelfeld. Und Kinder, die mit nur einem Elternteil aufwachsen? Sie können kein realitätsnahes Bild des guten Paares verinnerlichen; sie leiden aber auch nicht gravierend unter dem Bild des schlechten Paares.

Sie sind als erwachsene Männer und Frauen naiver und oft weniger selbstsicher als Personen, die das gute Paar verinnerlichen konnten. Sie riskieren Beziehungen, die nicht gelingen können, binden sich an ungeeignete Partner und brauchen mehr schmerzliche Erfahrungen, um sich in der Welt der Partnerschaft zu orientieren.

Neben dem Elternpaar, das sich in seiner Männlichkeit/Weiblichkeit stabilisiert, sind Trennungen oder Scheidungen beklagenswerte Alternativen. Aber unter dem Gesichtspunkt einer Traumatisierung der Kinder ist die Trennung erheblich günstiger als das entgleiste Paar. Die Angst vor dem Verlust des guten Paares ist schwer zu ertragen; noch verhängnisvoller aber ist eine Situation, in der Kinder über längere Zeit mit einem kannibalischen Narzissmus der Eltern konfrontiert sind. Sie erleben, wie sich Mann/Frau durch die Entwertung der Partnerin/des Partners aufzuwerten suchen, und verinnerlichen das Bild eines solchen Paares. Und sie gewinnen die Überzeugung, dass es so verstrickten Personen unmöglich ist, sich aus diesen Fesseln zu befreien.

Wieder ist die Einschränkung zu erwähnen, dass weder die Traumatisierung noch die inneren Bilder des «guten» oder «schlechten» Paares absolut sichere Voraussagen erlauben. Die Bedingungen, die Liebesbeziehungen gelingen oder scheitern lassen, sind zu vielfältig für unsere psychologischen Modelle, die vielleicht am ehesten einem Wetterbericht oder einer Stauwarnung gleichen: Wer sie zur Kenntnis nimmt und seine Reise entsprechend plant, hat eine bessere Chance anzukommen; aber alle Warnungen und Voraussagen schützen ihn nicht verlässlich vor einem Unfall.

Die komplexe Interaktion traumatischer Einflüsse mit kompensatorischen Faktoren lässt sich nur lebensgeschichtlich erfassen. Und auch hier stellt die Materialmenge, die sich während einer Psychoanalyse ergibt, die Geduld des Lesers und die Darstellungskunst des Autors auf eine harte Probe. Ich benutze die elementare Einheit dieser analytischen Arbeit als Rahmen: eine Sitzung, aus der ich versuche, den Prozess zu rekonstruieren, in dem sich das Trauma abbildet. Selbstverständlich ist meine Darstellung so angelegt, dass sich keine reale Person darin wiedererkennen kann.

Lena Kraft

Seit ihre Wünsche deutlicher werden, sich von ihrem Mann zu trennen, leidet Lena an Angstattacken und Schlaflosigkeit. «Ich traue mich schon nicht mehr aus dem Haus. Das Bergwandern, das ich so liebe, habe ich aufgegeben, weil ich fürchte, ich erleide einen Herzinfarkt. Ich bin verzweifelt, ich habe das Gefühl, ich kann nicht zurück und nicht vorwärts.»

Lena wurde in eine großbürgerliche Familie geboren: der Vater Patriarch, die Mutter große Dame. Sie hat sich schon als Kind immer als Außenseiterin gefühlt. Die Beziehung zur Mutter war sehr distanziert, die zum Vater emotionaler, aber durch sadistische Züge des Vaters getrübt, deren Zusammenhang mit einer Traumatisierung erst allmählich deutlich wurde.

In einer der ersten Sitzungen erzählte Lena unter Tränen, wie ihr Vater einmal den besten Bissen, den sie als Achtjährige als Schlusshappen auf ihrem Teller gelassen hatte, mit seiner Gabel wegspießte, ihn aufaß und lachend sagte: «So ist das Leben!» Lena war eine gute Schülerin und schloss ihr Studium als Betriebswirtin ab. Auf die Frage, weshalb sie danach als Hilfskraft im väterlichen Betrieb arbeitete, antwortete sie: «Etwas anderes hätte mein Vater nicht erlaubt.»

Unausgefüllt und unfähig, sich aus dieser Vaterbindung zu befreien, heiratete Lena einen Angestellten der Firma. Sie bekam zwei Kinder, die sie völlig ohne Hilfe aufzog: «Ich hätte sie nie wie meine Mutter einem Kindermädchen gegeben.» Ihr erster Ehemann enttäuschte sie, weil sie ihn an einem Ideal maß, das in der Auseinandersetzung mit ihrem Vater entstanden war. Der Partner war den Kindern kein «richtiger» Vater, er reagierte bald übermäßig distanziert, bald übermäßig streng.

Schließlich begann Lena eine Beziehung mit einem sehr erfolgreichen Unternehmer, der schon damals zu viel trank, sie aber mit ebenjener Selbstsicherheit beeindruckte, die sie später als totalen Egoismus und besoffene Sturheit entwertete.

Ihn heiratete sie schließlich nach seiner und ihrer Scheidung. Jetzt kam es auch zu einer Auseinandersetzung mit dem Vater: Lena wusste den neuen «starken Mann» im Rücken und ließ sich zum ersten Mal nicht mehr durch ihren Vater einschüchtern, der drohte, sie zu enterben, angesichts ihrer Entschlossenheit aber plötzlich «umfiel» und nachgab. Der Vater starb einige Jahre nach ihrer zweiten Eheschließung. Von diesem Zeitpunkt an verschlechterte sich Lenas Beziehung zu ihrem zweiten, anfänglich so idealisierten Mann. Während Lena gehofft hatte, die während der Verlobung leidenschaftliche Liebesbeziehung werde sich nach der Eheschließung noch steigern und verbessern, wollte ihr Mann nach der Heirat seine Ruhe haben, interessierte sich vor allem für seine Bequemlichkeit und war nicht bereit, sich darauf einzustellen, dass Lena, seit die Kinder aus dem Haus waren, eine neue Lebensaufgabe suchte.

Er entwertete ihre ehrenamtliche Arbeit bei der Telefonseelsorge («deine Spinnereien») und zog sich grollend zu seiner Weinflasche zurück. Lena wollte nicht mehr mit ihm schlafen.

Als Kind hatte Lena intensive Wünsche an den Vater gerichtet, der mehr emotionale Wärme versprach als das strenge Regime der Mutter, die – wirtschaftlich für den Vater eine «schlechte Partie» – durch perfekte Haushaltsführung ihr

Selbstgefühl stützte. Die Kinder wurden als Prestigeobjekte dressiert, aber bei allen Verhaltensauffälligkeiten geschlagen, zum Knien auf scharfkantigen Holzscheiten verurteilt oder dem Vater für Strafgerichte übergeben, bei denen dieser die Delinquentin selbst die Angelrute aus dem Waffenschrank holen ließ, mit der sie ausgepeitscht werden «wollte».

Zwischen den angepassten Brüdern erlebte sich Lena als einsam, wild, auffällig (sie kaute Nägel und ließ sich durch alle Strafen nicht davon abbringen), dem Vater besonders nahe.

Die folgende Rekonstruktion der Folgen einer solchen Traumatisierung ist so aufgebaut, dass einzelne Zitate aus einer Analysestunde (die 230.) kommentiert werden.

«Als mich mein geschiedener Mann besuchte,
habe ich ihn angesehen und versucht, herauszufinden,
ob er mir noch gefällt.»

Lenas Herzsymptome waren nach einigen Wochen der Therapie verschwunden, traten ein halbes Jahr lang nicht auf und kehrten wieder, als sie zum ersten Mal allein in Urlaub fuhr (und sich, wie sich später herausstellte, auch überlegt hatte, die Behandlung zu beenden).

Wir hatten damals erst zwanzig Sitzungen in größeren Abständen gearbeitet. Jetzt, angesichts der Wiederkehr ihrer Herzsymptome (die sie allmählich als Ängste begriff und mit denen sie den Kampf aufnehmen wollte), war sie für eine längere analytische Behandlung motiviert. Sie war inzwischen in den Beruf zurückgekehrt, hatte sich, nachdem sie keine Anstellung mehr gefunden hatte, als Unternehmensberaterin selbständig gemacht und brachte es zu mehr Erfolg als erwartet. Nur ihr Liebesleben blieb unbefriedigend.

Wir hatten wieder vermehrt darüber gesprochen; in der letzten Stunde hatte Lena unter Tränen berichtet, sie ärgere sich darüber, dass sie sich nicht getraue, mir wirklich zu zeigen, wie sehr ihr die Sexualität mit einem Mann fehle und wie verzweifelt sie sei, dass sie allein in Urlaub fahren müsse.

«Er ist so umständlich. Es regnete, er war mit dem Rad da, so habe ich ihn mit dem Auto nach Hause gefahren. Als ich den Motor angelassen hatte, sagte er: ‹Die Handbremse ist noch angezogen.›»

Sie hatte die Frage, ob ihr dieser Mann noch gefalle, nicht beantwortet, sondern mehr über eine überraschende Intimität in ihrem Gespräch berichtet. Sie habe erst gar nicht gewusst, wie ihr geschehe, als sie ihn nach seiner Frau gefragt habe und er begonnen habe zu erzählen, wie schwierig diese Beziehung sei und wie unglücklich er sich oft fühle. Ich hatte sie darauf hingewiesen, dass sie die von ihr aufgeworfene Frage – «gefällt er mir als Mann noch, oder gefällt er mir nicht» – nur gestellt, aber nicht beantwortet habe. Darauf erzählte sie, wie sie sich über sein «wie immer» umständlich belehrendes Verhalten geärgert hatte und wie «merkwürdig» sie es fand, dass er vor dem Aussteigen gar nicht mehr aufhören wollte, sie abzuküssen.

Lena geht nicht von ihren eigenen Gefühlen aus. Ihre ganze Aufmerksamkeit gilt dem Mann, den sie beobachtet und beurteilt, während sie ihren Abstand hält, einen Sicherheitsabstand zum Partner, der zum Zeichen für den traumatisierenden Vater geworden ist. Sie stellt sich sozusagen ständig die Idealisierungsfrage, die zur Konstruktion der sexuellen Paarbeziehung gehört. Diese Frage lautet: «Ist das ein Mann (eine Frau), dem (der) ich die Regulierung meiner Wünsche überlassen kann?» Sie lautet nicht: «Welche Wünsche kann mir dieser Mann (diese Frau) erfüllen?»

Lenas Reaktion weist auf die traumatischen Verletzungen der kindlichen Gefühlswelt hin. Das Kind hat gegen die Kontrolle seiner Phantasie und seiner Triebe eine Gegenkontrolle aufgebaut. Diese hat sich so weit verselbständigt, dass die Liebeswahl nicht mehr den Partner trifft, der am meisten begehrt wird, sondern einen, für den Lena am meisten tun kann und der daher auch die meiste Kontrolle über die Gefahren der eigenen Wünsche verspricht. Sie wundere sich, sagte Lena einmal beim Nachdenken über ihre erste Ehe, dass sie von den vielen Männern, mit denen sie damals geflirtet habe, gerade den heiratete, der sie erotisch am wenigsten ansprach. «Er war scheu, tüchtig und spielte gut Klavier. Er sah auch gut aus. Sexuell war nicht viel los mit ihm, aber ich bin ja als Jungfrau in die Ehe gegangen, etwas anderes konnte ich Vater nicht antun.»

«Ich habe mich sehr geärgert, als Sie sagten: ‹Und was tun Sie?›, als ich letzte Stunde sagte, dass ich wirklich den sexuellen Notstand habe.»

Es ist ein Signal fortgeschrittener Analysen, dass Ärger über taktlose Äußerungen des Therapeuten unproblematisch wird. Ich erinnerte mich, dass mich ihre Klagen berührt hatten und ich gern dem Widerspruch nachgegangen wäre, weshalb sie in ihrem doch recht schwierigen und verantwortungsvollen Beruf keine Probleme hatte, Aufträge an Land zu ziehen, während sie – eine jünger wirkende, attraktive Frau – ihren Männermangel wie einen Schicksalsschlag ertrug und keine Phantasie aufbrachte, was sie tun könne, ihn zu beheben.

Angesichts ihres Ärgers gingen mir mehrere Fragen und Deutungen durch den Kopf. War ich zu direkt gewesen, zu grob, weil ich mich fürchtete, selbst der Mann sein zu müssen, der ihr fehlte? Ich mochte Lena und freute mich auf die Stunden mit ihr, während sie immer wieder Ängste äußerte, mich zu langweilen und fortgeschickt zu werden. Diese Diskrepanz zwischen Ängsten vor einem sadistischen Analytiker und ihrer bewussten Einschätzung meiner Person und meiner Arbeit hatte uns schon öfter beschäftigt und viel Material über die schillernde Persönlichkeit ihres Vaters ergeben.

Dieser hing sehr an seinen Töchtern und lähmte doch ihre Entwicklung. In seinem Bild mischten sich liebenswerte und sadistische Züge. Er war selbst durch seinen strengen Vater traumatisiert und hielt als Unternehmer an der Idee einer Betriebsfamilie fest: «Jedes Weihnachten musste meine Mutter zweihundert Geschenke einpacken!» Er band seine Söhne an den Betrieb und entwertete sie, bis sie sich so duckten, dass sie als Geschäftsführer nicht mehr infrage kamen oder kündigten.

Auf Lena war er stolz, denn sie studierte und brachte ihm ein Diplom in Betriebswirtschaft, während er nur mit größter Mühe das Abitur bestanden hatte. Als sie aber die Kosten-Nutzen-Analyse einführen wollte und ihm vorrechnete, dass das beliebteste Produkt der Firma einen Verlust von zwei Pfennigen pro Stück einfuhr, schrie er sie an, ihre Arbeit sei Quatsch. Damals fragte ich Lena, ob sie nicht später, als der Niedergang der Firma ihr Recht gab, den Vater nochmals auf die damalige Situation angesprochen habe. «So etwas gab es nicht», sagte sie. «Das hätte ihn doch beleidigt, das durfte nicht sein!»

Ich kam schließlich zu der Überzeugung, dass meine Fragen nach ihrem Tun tatsächlich verfehlt gewesen waren und damit zusammenhingen, dass ich ein Stück der Vaterprojektion angenommen hatte. Denn kennzeichnend für traumatisierte Männer ist gerade die Phantasielosigkeit und die Handlungsorientierung.

Lenas Vater war ein traumatisierter Mann, er war als Kind viel geprügelt und entwertet worden, hatte fünf Jahre als Soldat hinter sich und kompensierte mit einer Mischung aus Arbeitswut, strikter Normorientierung und sadistisch getönten, cholerischen Ausbrüchen die entstandenen Einschränkungen.

Meine Frage hatte zu wenig berücksichtigt, dass Lena gewohnt war, die Aufmerksamkeit von ihren Wünschen und Phantasien abzuwenden. Stattdessen versuchte sie, die von ihr als «Väter» erlebten Männer genau zu beobachten, ihre Bedürfnisse zu erraten und sie versöhnlich zu stimmen.

Sich in meiner Gegenwart ihre sexuelle Not einzugestehen war bereits ein wichtiger Schritt gewesen, den ich nicht ausreichend gewürdigt hatte. Es wäre einfühlender gewesen, auf dieser Ebene der endlich, gegen Scham und Angst, zugelassenen erotischen Bedürftigkeit zu bleiben. Diesmal vermied ich einen ähnlichen Fehler; ich sagte nur, mir sei aufgefallen, wie gut sie in ihrem neuen Beruf Werbung für sich machen könne und wie wenig ihr zu diesem Thema angesichts der erotischen Situation einfalle.

«Ich frage mich, weshalb ich mit dem Mann aus Salzburg so wenig Mühe hatte. Ich glaube, es lag daran, dass das ein weicher Mann war, mit dem konnte ich machen, was ich wollte.»

In Analysen sexuell traumatisierter Frauen wagt sich die unterdrückte Erotik gewissermaßen in Sklavinnenkleidern zum ersten Mal wieder an die Öffentlichkeit. Die Analysandinnen erzählen etwas über Sexualität, weil der Analytiker das erwartet; ihnen ist es nicht so wichtig, manchmal sogar eher lästig. In Bayern gibt es den Spruch dafür: «Dass die arme Seele Ruhe hat!»* In dem Bestreben, dem Therapeuten zu gefallen

* Er bezieht sich auf die «armen Seelen im Fegefeuer», für deren Erlösung Gebete gesprochen oder Opfer gebracht werden, greift aber die ganze symbolische Welt der ruhelosen Geister auf – jener der Toten und jener der eigenen Vergangenheit –, die lästigerweise immer wieder versöhnt werden müssen. Bei Lukas 11, 19 denkt der Reiche: «Liebe Seele, du hast einen großen Vorrat auf viele Jahre; habe nun Ruhe …»

und gleichzeitig Hilfe zu erhalten, geraten die Patientinnen in das Dilemma, dass sie einerseits vorgeben möchten, sie hätten keinerlei Probleme mit Erotik – denn sie wollen als vitale und attraktive Frauen erscheinen –, und andererseits Hilfe in ihren traumatisch bedingten Ängsten und Schamgefühlen erwarten. Meine Intervention «Und was tun Sie?» richtete sich an die attraktive Frau, die Lena ist, und übersah das verletzte Kind. Eine Einseitigkeit in der Gegenrichtung läge darin, dass der Analytiker nur das verletzte Kind sieht und die attraktive Frau nicht wahrnimmt. Es gibt keine perfekte Lösung für dieses Dilemma; es löst sich eher im Nachdenken und im so gewonnenen Abstand von den Perfektionsvorstellungen in der Erotik – etwa jenen, dass es etwas wie Vollmänner und Vollweiber tatsächlich gibt, Menschen mit eisernem Selbstgefühl, die ihr Sexualleben ohne jene Reminiszenz und Befriedigung kindlicher Bedürfnisse (sowie Rücksicht auf kindliche Ängste) führen können.

In diesem Kontext verstehe ich auch, weshalb Lena jetzt diese Erinnerung an ihre erste (und letzte) erotische Beziehung nach der Trennung von ihrem zweiten Ehemann einbrachte. Sie konnte es doch! Sie hatte es jedenfalls gekonnt.

(Meine Erinnerung an Lenas Berichte über die damalige Liebschaft war allerdings nicht so, dass mir der Ausdruck «wenig Mühe hatte» eingefallen wäre. Der Mann wohnte weit entfernt, er besuchte Lena an zwei Wochenenden und trennte sich dann wieder von ihr, weil er sich – ebenfalls frisch geschieden – vor einer neuen Bindung fürchtete. Auch Lena hatte ständig nachgedacht, ob sie sich nicht noch schneller von ihm distanzieren solle; sie profitierte aber seelisch sehr davon, dass sie jetzt «gleichgezogen» hatte, denn ihr inzwischen geschiedener Mann hatte sich nach relativ kurzer Zeit wieder mit einer Frau verlobt, von der sie inzwischen wusste, dass er die Beziehung zu ihr schon während ihrer Ehe aufgenommen hatte.)

«Ich habe Angst vor aggressiven Männern, ich fürchte, von denen komme ich nicht mehr weg.»

Dieser Satz freute mich sehr, weil er zeigte, dass Lenas Selbstbewusstsein so gewachsen war, dass sie sich an den Rand des Abgrunds wagte, der die sadomasochistischen Szenen ihrer Kindheit barg.

Lena ist eine höfliche, freundliche, bescheidene, disziplinierte Frau mit viel Charme und einer frischen Ausstrahlung – Lavendel und Frühlingsblüten, nicht Moschus oder tropische Pflanzen. Sie wirbt um Zuneigung und Verständnis, hat ein entwaffnendes Lächeln und kann sich schnell in ihr Gegenüber einfühlen. Und doch gehören zu ihrer Persönlichkeit auch andere Seiten. Sie findet zum Beispiel Männer, die so sind wie sie selbst, nicht besonders attraktiv. Untergründig und ambivalent beschäftigen sie die sadomasochistischen Szenen, die sie mit ihrem Vater erlebt hat. Sie darf sie nicht zulassen und kann sich nicht von ihnen befreien.

Der «weiche» Mann zieht sie nicht an, weil er sich von ihr dominieren lässt und sie deshalb keinen Respekt vor ihm haben kann; der «harte» Mann stößt sie ab, weil sie fürchtet, hörig zu werden. Von einem Mann, dem sie sich überlegen fühlt, der weniger intelligent, attraktiv, gebildet, interessant ist als sie, darf sie nichts Erotisches annehmen, das wäre unter ihrer Würde; gegen Männer, die sie idealisiert, bleibt nur die kindliche Gefügigkeit oder ein rebellischer Trotz.

An jedem hat sie etwas auszusetzen, und ihre Nörgelei fällt schließlich auf sie zurück: Sie ist selbst schuld, wenn sie allein ist. Damit ist die sadistische Szene wieder verinnerlicht und kontrollierbar, aber Lena ist auch unglücklich und fühlt sich allein.

Im Gegensatz zu ihrer Arbeit, ihren Kindern, ihren Freunden und ihrer großen Freude an Landschaften, am Aufenthalt in der freien Natur, über die sie immer mit Interesse und Begeisterung sprach, verfiel Lena in einen gequälten, gleichsam nörgelnden Ton, wenn es um ihre sexuellen Beziehungen ging. Entweder waren die Männer nicht recht, oder sie war es nicht; über ihre Einsamkeit nach der Trennung sprach sie in demselben Ton wie über den Alkoholismus und die Indolenz ihres Ehemanns, als sie noch mit ihm lebte; sie war wütend, dass ein Mann nicht mehr anrief, mit dem sie sich aufgrund einer Bekanntschaftsannonce verabredet hatte, und ärgerte sich noch mehr über einen, der sie nicht in Ruhe ließ – «einen Versicherungsvertreter, stellen Sie sich vor, er kann nur über Geld reden».

Am meisten wütete sie dagegen, dass sie allein war und am Abend in eine einsame Wohnung kam. Manchmal erinnerte ich sie dann daran, wie deprimiert sie früher gewesen war, als ihr Mann bei ihr lebte und sie die Räume (die ihr gehörten, ein Teil des väterlichen Erbes) nicht mehr als *ihre* Wohnung, sondern als *seine* Wohnung erlebte, in der überall *seine* Bücher und *seine* Schallplatten lagen.

«Als ich in der Pubertät angefangen habe, mich selbst zu befriedigen, habe ich mir immer eine Vergewaltigung vorgestellt. Es ging gar nicht anders … Inzwischen geht das.»

Während ich noch überlegte, ob ich Lenas aktuelle Angst ansprechen sollte, in einer Beziehung zu einem aggressiven Mann hörig zu werden und masochistische Einstellungen zu entwickeln, kam dieser Einfall. Sie hatte mir noch nie etwas von diesen Phantasien erzählt. Ich war erleichtert, weil sie mich von der Entscheidung befreite, im Kontext mit der befürchteten Hörigkeit von einem aggressiven Mann das Thema des Masochismus anzusprechen. Analytiker sind damit vertraut, perverse Phantasien normal zu finden; Analysanden werden das erst allmählich, und ich hatte nicht gewusst, an welchem Punkt dieser Entwicklung Lena war.

Sie hatte mir jetzt Informationen zu zwei tabuisierten Themen geschenkt: den masochistischen Phantasien bei der Selbstbefriedigung und der inzwischen von solchen Phantasien befreiten Onanie. Sie zeigten, wie stark ihre erwachende Sexualität von den früheren Szenen mit dem strafenden Vater geprägt worden war; sexuelle Erregung durfte nur als Erniedrigung zugelassen werden, die von außen kam und von ihr mit Scham erlebt wurde. Mein Verdacht auf einen Pakt mit dem Vater, in dem sie ihm durch ihr Nägelkauen Anlass gab, sie zu schlagen, schien sich zu bestätigen. Die Eltern hatten sadistisch auf ihr Symptom reagiert, und Lena hatte den Kampf aufgenommen. Sie erinnerte sich noch an ein Weihnachtsfest, wo sie bei der Bescherung leer ausging, zur Strafe für ihr Nägelbeißen, an den Zorn ihres Vaters. Einmal brachte sie ihr Lieblingsmärchenbuch mit, eine rührselige Geschichte vom «verkannten Bimpfi», einem Edel-Champignon, der von Bösewichten als giftiger Knollenblätterpilz denunziert und in ein Gefängnis gesperrt wird. Schließlich aber wird seine wahre, gute Natur durch die Fürsprache eines gütigen Waldgeistes erkannt und er in einem Triumphzug befreit.

In dieser Geschichte hatte sich Lenas giftiger Hass, der mit den sadistischen Zügen ihres Vaters korrespondierte, mit ihrem Wunsch nach einer erlösenden Liebesbeziehung verknüpft. Freud hat festgestellt, dass die Neurose das Negativ der Perversion ist: Sie besteht aus Reaktionsbildungen. Lena ist keine Masochistin, aber sie wird in ihrem Sexualverhalten durch eine verborgene, mit Schuld- und Schamgefühlen erlebte und abgewehrte sadomasochistische Szene erheblich beeinträchtigt. In Lenas konkretem Verhalten zeigt sich die verdrängte Perversion vor allem darin, dass sie nur ausnahmsweise und unter großen Ängsten in ihrem Leben das zugelassen hat, was an spontaner Triebhaftigkeit in unserem Sexualleben Grenzen überschreitet.

Durch das relativ geringe Trauma – der Vater hielt sich in seinen sadistischen Aktionen an Regeln und war in anderen Situationen durchaus liebevoll – und Lenas reiche Begabungen ist Lena ein Beispiel für den sozusagen alltäglichen Fall, in dem durch die Wechselwirkung von verletzenden und heilsamen Erlebnissen eine äußerlich fast normale Biographie entsteht.

Wie der Krieger in der Schlacht seine Wunden nicht fühlt, so können Traumatisierte durch Idealisierungen ihre seelischen Verletzungen kompensieren und die eingetretene Zentralisation vor sich selbst und anderen verbergen. Solange Lena ihren Vater, ihre Kinder und ihren zweiten Mann idealisierte, war sie stabil und konnte die Verluste anderer Idealisierungen (ihres ersten Mannes, ihres Berufs) verkraften. Lena erkrankte, als sie ihren Vater verloren hatte, ihre Kinder sie nicht mehr brauchten und ihr die Idealisierung ihres zweiten Ehemanns verloren ging.

«Wenn ich einem Mann begegne, ist es, als ob ein Bewertungsapparat eingeschaltet wird, der unaufhörlich läuft. Und es ist ganz wichtig, dass er mich gut findet und ich genau weiß, was ich von ihm zu halten habe.»

Diese letzte Bemerkung Lenas illustriert das Idealisierungsbedürfnis, mit dessen Hilfe die traumatische Erfahrung kompensiert werden soll – ein tragischer Versuch, der oft scheitert, ja sein Scheitern geradezu in sich trägt. Das Bedürfnis nach Idealisierung führt dazu, die Realität zu verzerren. In einer verzerrt wahrgenommenen Realität ist es schwierig, sich zu orientieren. Zusammenstöße, Abbrüche und damit erneute Verletzungen sind unausweichlich.

Traumatisierte Opfer erleben die Realität mit ihren guten und bösen Zufällen als nicht gut genug, sie wünschen sich eine ideale Welt, die sie für ihre Verletzung entschädigt.

Vielleicht die schlimmste Folge des Missbrauchs ist die, dass er ein Opfer hindert, an etwas anderes zu denken als an diesen Missbrauch und zu erkennen, dass es ein normales Maß an Leid im Menschenleben gibt, das Nichttraumatisierte gerade noch ertragen können, das zu bewältigen Traumatisierten aber unmöglich erscheint. Dadurch verlieren sie die Zuversicht, die manche Traumatherapeuten mit der ritualisierten Formel wiederherstellen wollen: «Ich bin Folteropfer, und ich habe überlebt!» Wer unter nicht traumatisierenden Umständen lebt, kann davon ausgehen, dass die Karten jeden Tag neu gemischt werden. Wer traumatisiert ist, möchte verständlicherweise entweder nur gute Karten («Ich bin Opfer, gebt sie mir!») oder nicht mehr mitspielen. Aber es gibt kein Spiel, in dem nur gute Karten ausgegeben werden; wer zu hartnäckig darauf besteht, gerät in den Verdacht, betrügen zu wollen.

Verglichen mit dem Durchschnitt der möglichen Ehemänner, war Lenas zweiter Mann ebenso wie der erste kein großes Licht und kein schwarzes Dunkel. Er konnte seinen Alkoholkonsum so kontrollieren, dass er weder in seinem Beruf noch bei seinen Freunden damit Probleme hatte. Schwierigkeiten gab es «nur» in der Partnerschaft, und sie hingen wohl damit zusammen, dass er (wie viele Alkoholiker) durch seine ausgeprägten Verleugnungstendenzen und seine Selbstüberschätzung auf den ersten Blick gut zu den Idealisierungsbedürfnissen einer traumatisierten Frau passte.

Das ist endlich ein brillanter Draufgänger, männlicher als alle anderen Männer. Leider schießt er manchmal übers Ziel hinaus, aber das Trinken wird aufhören, wenn er im sicheren Hafen der Ehe landet. Natürlich hört das Trinken nicht auf, es nimmt zu, der brillante Draufgänger verliert sein Funkeln, wenn er die Frau erobert hat, die ihm nun ein gemütliches Heim verschaffen und auf gar keinen Fall so anspruchsvoll werden soll wie ihre unleidliche Vorgängerin.

Charakteristisch für Lenas Idealisierung war auch, dass sie zum Zeitpunkt der Trennung ihren Mann negativ idealisierte, das heißt, ihn so in ausschließlich schwarzen Farben malte, wie sie es in leuchtenden getan hatte, als sie in ihn verliebt war. Erst als er auszog und relativ schnell wieder heiratete, bemerkte sie ihren Verlust, den sie lange Zeit als Verlust an Prestige rationalisierte – wer lade schon eine allein stehende Frau ein? Es dauerte eine Weile, bis sich Lena so schlichte Fragen stellte wie die, warum sie nicht die Annehmlichkeiten der Ehe genossen und nach einem Liebhaber Ausschau gehalten habe? Sie konnte jetzt über diese frivole Phantasie lachen und sehen, dass die Welt nicht unterging, wenn sie solche Gedanken dachte.

Wenn ihr ein Mann näher kam, setzte der hektische Vergleich mit dem Idealbild ein, dessen Forderungen sich durch die vorangehende Zeit des Leidens und der Enttäuschung nicht ermäßigt, sondern gesteigert hatten. Die hektischen Bewertungen sollten verhindern, dass Lena enttäuscht würde – aber indem sie jede Begegnung mit einem Mann in eine enttäuschende Erfahrung verwandelten, schwächten sie das Selbstgefühl weiter und weiter, steigerten die Ansprüche an die Begegnungen und blockierten die Entwicklung von Nähe.

Der erotische Wiederholungszwang

Das Märchen über Schehrezade nimmt ein Thema vorweg, das die abendländische Literatur ebenso beschäftigt hat wie die Psychoanalyse: den erotischen Wiederholungszwang. Es gibt mindestens hundert Fassungen des Don-Juan-Stoffes, in denen die Titelfigur alle Schattierungen vom Helden zum

Schurken, vom Täter zum Opfer durchläuft. Die psychologischen Modelle sind demgegenüber dürftiger; vor allem der Begriff des Wiederholungszwangs stellt mehr Fragen, als er Antworten gibt.

Die neuere Forschung zum Posttraumatischen Stresssyndrom bezieht sich ebenso wie Freud auf Beobachtungen, dass traumatische Erlebnisse – Ereignisse also, welche einen Zusammenbruch der seelischen und körperlichen Bewältigungsmechanismen auslösen – zu Zwangserinnerungen führen, welche die Betroffenen als sehr quälend und absolut sinnlos erleben. Manche Deutungen dieser Situation suchen insofern einen Sinn zu stiften, als sie in diesem Wiederaufleuchten des Unerträglichen Bemühungen erkennen, es durch immer erneute Bearbeitung schließlich doch zu bewältigen, ähnlich wie in einem Betrieb ein Vorgang so lange zur Wiedervorlage kommt, bis er erledigt ist.

Eine solche Betrachtungsweise unterstellt Organismen zweckgerichtetes Verhalten, das ihrem Überleben dient. Neurophysiologen hingegen behaupten manchmal, dass in den posttraumatischen Reaktionen solche Sinnhaftigkeit vielleicht gar nicht zu finden sei, wenn niemand sie nachträglich hineinlege. Das Trauma verändert die normalen Lernprozesse dahin gehend, dass seine Engramme so mächtig werden, dass sie mit den Prozessen nicht mehr beherrschbar sind, die im Normalfall unsere Erinnerungen steuern. Die entsprechenden Erlebnisse sind «in das Gehirn eingebrannt».*

Die menschliche Erinnerung arbeitet nicht so wie die Lehmziegel der Assyrer, in die ein Schreiber Zeichen gräbt, die nach dem Trocknen und Brennen unzerstörbar werden. Unser Gedächtnis wird durch die Rede von den «Engrammen» (Ein-

* So äußerte sich der Münchner Neurologe N. Holzboer während einer Diskussion im «Nachtstudio» des ZDF am 3. 2. 2000.

schriften) nicht richtig dargestellt; es funktioniert auf einer älteren Ebene, es hat sich zu Zeiten der schriftlosen Kulturen entwickelt, und es gleicht deren Traditionen insofern, als es seine Erinnerungen vor allem dadurch bewahrt, dass es sie sich ständig selbst erzählt und sie dadurch auch ständig nicht nur bewahrt, sondern auch potenziell verändert, wie auch die Mythen, die Lieder und Epen der schriftlosen Kulturen ständig durch Memorieren bewahrt, aber in dieser Bewahrung auch ständig verändert werden. Wer jemals ein erlerntes Gedicht aufgesagt hat, der weiß auch, dass das fast nie ohne kleine Textveränderungen geschieht. Wenn es nun gar keine Schrift gibt, die man als «objektive» Überlieferung zugrunde legen kann, dann sind Textveränderungen nicht nachweisbar und werden sich im Lauf der Zeit verstärken. Schriftlose Sprachen – etwa die der Aborigines in Australien – verändern sich so rasch, dass die Urenkel eine Geschichte oder ein Wörterbuch nicht mehr verstehen, die ihre Urgroßväter dem Missionar in die Feder diktiert haben.

Dreimal wird im Märchen von Schehrezade das Motiv der Frau wiederholt, die den Mann durch ihre sexuelle Unersättlichkeit zutiefst kränkt, verwirrt und aus der Fassung bringt. Wer in einem traditionell islamischen Land wie dem Jemen reist, gewinnt den Hintergrund für dieses Motiv. Weil Frauen hinter Schleiern verborgen sind und kaum Möglichkeiten haben, sich in der Öffentlichkeit zu entfalten, verkörpern sie eine immense Sprengkraft, wenn die Riegel brechen und die männliche Wachsamkeit nachlässt.

Männliche Gier und männliche Angst verbinden sich dann zu den Bildern des Märchens, die in der Braut des Dämons kulminieren, die in einer siebenfach verschlossenen Truhe auf dem Meeresgrund eingesperrt ist und ihn doch schon siebenhundertmal betrogen hat. Wir haben dieses Motiv als Ausdruck männlicher Phantasien interpretiert, aber das besagt nicht, dass es keine Macht über Frauen entwickeln kann. Diese Macht hat Anna Freud als den «Abwehrmechanismus der Identifizierung mit dem Aggressor» beschrieben.* Heute könnten wir dieses Prinzip erweitern und die Identifizierung mit dem Aggressor als Identifizierung mit dem Trauma neu formulieren.

Die Identifizierung ist ein vielen Wirbeltieren verfügbares, beim Menschen aufgrund seiner spezifischen Situationen (lange Kindheit, Kulturabhängigkeit der seelischen Strukturbildung) enorm ausgeweitetes Lernprinzip. Der Artgenosse wird «verinnerlicht», er wird zum Modell genommen und das eigene Handeln ausgerichtet, als ob ich er wäre. Als Beispiel für das Wirken der Identifizierung hat Freud ein kleines Mädchen beschrieben, das nach dem Verlust seines geliebten Hundes eine Weile auf allen vieren lief und sein Essen im Hundenapf haben wollte. Hier wird deutlich, wie dieser Mechanismus eingesetzt wird, um ein Trauma zu verarbeiten.

Die Identifizierung richtet sich nach dem mächtigsten Vor-Bild im Wahrnehmungsfeld zur Zeit des Traumas. Daher trifft sie auch oft die Person, welche für das Trauma verantwortlich ist. Der König, der Frauen erst heiratet und dann tötet, identifiziert sich mit dem Bild der Frau, die ihn geliebt und dann durch ihren Betrug verletzt hat. Don Juan identifiziert sich mit einer Mutter, die ihn als Mann an sich gelockt und dann als Kind fallen gelassen hat. Wie selbst das Opfer einer Vergewaltigung durch die Identifizierung mit dem Täter sein Schicksal verarbeiten kann, zeigt die folgende Geschichte.

Helga war während ihrer Lehrzeit als Verkäuferin mehrmals von dem Sohn des Ladenbesitzers vergewaltigt worden. Sie fürchtete sich, zu Hause davon zu erzählen. Jeden Abend wurde sie unruhig; sie wartete, bis alle schliefen, kletterte über das

* Anna Freud, Das Ich und die Abwehrmechanismen. München 1962.

Obstspalier auf die Straße und streifte durch die Kleinstadt. Immer wieder gabelten Männer sie auf; sie gab sich ihnen hin, ohne Lust zu empfinden. Sie suchte aber den Triumph über die männliche Gier.

Kaum volljährig, zog Helga in eine weit entfernte Großstadt, wo sie mit ihrem Arbeitgeber das erste Mal ein sexuelles Verhältnis aufbaute, in dem sie Lust erlebte. Diese Beziehung war aber nicht in der Lage, ihre Unruhe zu stillen. Sie entwickelte eine suchtartige Promiskuität, in der sie jeden Abend in einer Bar einen neuen Mann eroberte und es genoss, wenn diese Männer, von ihr dazu aufgefordert, sie eine Hure nannten. «Ich arbeitete einige Jahre später als Betreuerin für die Kunden meiner Firma und besuchte regelmäßig einen Mann, in den ich mich wahnsinnig verliebte. Er war etwas älter als ich, sah gut aus, wirkte zugleich väterlich und ungeheuer attraktiv, ich konnte nur noch an ihn denken, malte mir aus, wie es wäre, mit ihm zu schlafen. Aber ich konnte nicht mit ihm darüber sprechen, ich konnte es einfach nicht. Sonst hatte ich längst keine Schwierigkeiten mehr, ich sprach jeden Mann an, der mir gefiel, ich wusste, dass ich attraktiv war, und wusste auch fast immer, wer da nicht nein sagen würde. Hier war es mir ernst, das blockierte mich. Aber ich blieb immer länger als notwendig, wir redeten viel, ich flirtete mit ihm und er mit mir, es ging einfach nicht weiter. Schließlich verstanden wir uns so gut, dass mich der Teufel ritt und ich ihm sagte, ich hätte Lust, einmal als Prostituierte zu arbeiten, das würde mich faszinieren, aber ich hätte keine Ahnung, wie ich das anstellen solle. Er reagierte ganz anders, als ich das erwartet hatte, er sagte: ‹Ich helfe dir dabei, ich mache das für dich, ich setze eine Anzeige in die Zeitung und schaue mir die Männer an, ob sie auch passen.›

So haben wir es dann gemacht, vor seinem Geschäft war ein großer Parkplatz, dorthin hat er die Männer bestellt. Ich stand hinter der Gardine und konnte beobachten, wie die Männer aussahen, die sich auf seine Anzeige gemeldet hatten. Die hab ich dann getroffen, sie waren sehr überrascht, sie hatten eine ganz andere Frau erwartet, waren ganz begeistert von mir, ich war nicht wie die üblichen Prostituierten. Aber mich hat keiner von ihnen auf Dauer gereizt, und ich wollte nur ihn, aber mit ihm lief nichts.

Eines Tages kam wieder etwas ganz Unerwartetes: Seine Frau sprach mich an und sagte, sie wolle mit mir und ihm reden. Wir saßen also zusammen, und sie erzählte, sie habe ihrem Mann drei Kinder geboren und er sei zwanzig Jahre ihr einziger Mann gewesen, dann aber habe sie sich einmal zu ihm gesetzt und gesagt, sie wolle jetzt auch einmal andere Männer. Da habe er zugestimmt, und sie seien in eine Sauna gegangen, wo es Partnertausch gibt. Dann fragte sie mich, ob sie nicht einmal mit noch einem Paar in meine Wohnung kommen könnten. Das war es nicht, was ich wollte, aber ich habe ja gesagt, ich weiß nicht, warum, ich mochte das nicht. Dann waren sie alle da, und es war schrecklich, die haben sich aufgegeilt, weil ich jung war und allein, und ich konnte es kaum ertragen, die komische Unterwäsche und die dicken Bäuche der Frauen, die dicken Hintern, ich hatte nie Schwangerschaftsstreifen gesehen, mich ekelte. Endlich kam ich dazu, mich neben ihm auf mein Sofa zu legen, da kam auch seine Frau zu mir, und beide befummelten mich. Ich hätte am liebsten geschrien, aber ich ließ mir wenig anmerken, ich war nur nicht richtig begeistert, und später hat er mich nie mehr aufgefordert, es in meiner Wohnung zu machen.

Die nächste Einladung war in die Sauna, es war eigentlich ein Bordell, die Sauna nur eine Tarnung, es gab oben acht Zimmer für die Frauen, aber unten in der Sauna wurde nur gefummelt, mehr nicht. Die Frauen sollten dafür sorgen, dass die Männer dann zu ihnen aufs Zimmer gingen. Mir hat das nicht besonders gefallen. Irgendwann gingen wir nach Hause, wir waren schon auf dem Parkplatz, da trafen wir eine Gruppe Männer. Die hatten etwas getrunken und fingen an, mich anzumachen. Ich zögerte und überlegte gerade, ob ich zu ihnen gehen wollte, da sagte dieser Mann, den ich so liebte: ‹Helga, für heute ist es genug!› In diesem Augenblick bin ich von ihm weg und zu diesen Männern. Es ist schrecklich, ich kann es nicht sagen, muss ich weitererzählen?»

«Es ist am einfachsten, wenn Sie sagen, was Ihnen einfällt!»

«Die Männer nahmen mich mit in ein Zimmer. Ich zog mich aus und legte mich auf ein Bett. Der Mann stand die ganze Zeit in der Tür und beobachtete alles, und ich schaute ihn unverwandt an. Und dann haben mich all diese Männer genommen. Sie haben mich beschimpft.»

«Was haben sie gesagt?»

«‹Du Nutte, du kannst wohl nie genug Schwänze in dich hineinkriegen, wir ficken dich jetzt, dass es raucht!› Solche Sätze. Vielleicht habe ich auch etwas gesagt. Mich hat es oft geil gemacht, so zu reden. Aber er stand die ganze Zeit in der Tür, er rauchte eine Zigarette und sah mich an. Und ich sah ihn an. Und von diesem Augenblick an war ich nur noch aggressiv gegen ihn.»

Helga versucht in der Idealisierung des älteren Mannes, der in ihrer Schilderung mütterliche Züge annimmt, die Sehnsucht nach Zärtlichkeit sexuell zu besetzen und dadurch einen Teil der Schäden durch die frühe, von Missbrauchserfahrungen bestimmte Sexualisierung gutzumachen. Sie behauptet, dass ihr Raubtier-Sex nichts mit ihren Bedürfnissen nach Einfühlung und Zärtlichkeit zu tun habe. Sie sei dann praktisch ein anderer Mensch. In Helgas Analyse haben wir öfter diskutiert, wie verführerisch Konzepte einer multiplen Persönlichkeit in einer solchen Situation sind, wie viel Scham und

Autoaggression durch sie vermieden werden. Aber Helga war überzeugt, dass diese Metapher ihrer Störung nicht das sei, was sie brauchen könne und haben wolle.

Im Anschluss an diese Geschichte berichtete Helga von ihrer gegenwärtigen Situation. Sie empfinde seit Monaten gar nichts mehr, die Erinnerung an ihre früheren Erlebnisse und an die blitzschnelle, überwältigende Geilheit widere sie an, mit ihrem Ehemann könne sie nicht mehr schlafen, weil sie fürchte, dann wieder in eine Hemmungslosigkeit zurückzufallen, die sie nicht mehr ertrage. Ihr Mann sei der Einzige, mit dem sie beides erlebt habe, Sexualität und Zärtlichkeit. Aber sie nehme ihm heute manchmal übel, dass er zum Komplizen ihrer wilden Seite geworden sei; sie habe ihm von ihren Phantasien erzählt, und er habe immer gesagt: «Mach nur», habe manchmal zugesehen oder sich auf andere Weise beteiligt. Beispielsweise habe sie einmal gelesen, dass Pornodarstellerinnen gesucht würden. Sie wollte sich melden und mitspielen. Ihr Mann redete ihr zu, das zu tun, er wolle aber draußen im Auto warten, die Sache könne doch auch gefährlich sein, und wenn es zu lange dauere, werde er nachkommen. Es war eine Villa in einem Vorort, wo sie sich meldete, und die Männer dort, die sich als Produzent und Regisseur vorstellten, wollten mit ihr probieren; sie verkehrte mit beiden, es dauerte länger, ihr Mann kam nach und landete mit der Ehefrau des Produzenten im Bett. «Ich kann nicht ertragen, dass ich einmal so etwas gemacht habe. Ich würde schwören, dass es eine andere war, aber ich weiß, ich war es selbst. Und mein Mann erinnert mich daran. Vielleicht kann ich ihm das nicht verzeihen. Wenn wir jetzt miteinander schlafen würden, wäre das alles wieder da. Es soll aber fort sein und nie wiederkommen.»

Hier wird die Beschädigung der Phantasietätigkeit durch die Traumatisierung deutlich. Helga kann sich nicht ausmalen, wie die Arbeit der Pornodarstellerin ist, sie muss die Rolle selbst spielen. Und sie kann später Erinnerungen und Phantasien nicht in ihr Sexualleben mit ihrem Partner integrieren.

Die normale Entwicklung der Sexualität, in der aus dem Material der Perversionen auch zärtliche Szenen geschaffen werden, wenn sie als Phantasien mit dem Gefährten kommunizierbar sind, ist durch das Trauma unterbrochen worden. Sie wurde in einzelne Bausteine fragmentiert, die – einmal benutzt – weggeworfen werden müssen, weil keiner von ihnen das Ganze zu sein verspricht, nach dem sich Helga sehnt.

«Früher hätte ich Ihnen diese Geschichten voller Lust erzählt, ganz ohne Scham, ich wäre stolz auf sie gewesen, ich hätte gedacht, ich kann Sie damit erregen, und auf jeden Fall hätten sie mich erregt. Aber heute geht das nicht mehr, ich ertrage es kaum, an sie zu denken, ich fühle mich nur schuldig und meine, ich hätte unendlich viel Zeit damit vergeudet, die ich viel sinnvoller hätte verwenden können.»

Ist der Ausgang einer Don-Juan-Karriere die Wehmut, mit der in alten Registern geblättert wird? Sind es Schuld und Scham, die dazu führen, diese Register zu verbrennen, die damalige Lebensform zu entwerten und sich anzuklagen, man habe wertvolle Zeit mit beschämenden Taten vergeudet? Ich vermute, dass beides möglich, der zweite Ausgang aber wahrscheinlicher ist, denn die phallische Energie, welche in den unermüdlichen Eroberungen steckt, hat viel von einem Antidepressivum. So wird die Depression ausbrechen, sobald die manische Abwehr versagt.

In den Erlebnissen, die Helga beschreibt, wird die Sprachverwirrung wiederholt, welche zwischen den zärtlichen Bedürfnissen des Kindes und der sexuellen Leidenschaft des Erwachsenen besteht. In einer normalen (freilich «modernen»*)

* Die Lösung der traditionellen Gesellschaften liegt darin, die Mädchen vor allen Begegnungen mit Männern zu bewahren, welche nicht durch einen Vertrag zwischen zwei Familien geregelt sind.

Entwicklung klärt sich diese Verwirrung heute im spielerischen Hin und Her der adoleszenten Beziehungen, zwischen Sich-Verlieben und Schlussmachen, Miteinander-Gehen und Sich-nicht-mehr-Sehen.

Wenn Jugendliche sich genügend beschützt fühlen und die Sicherheit haben, dass ihre Eltern für sie da sind, auch wenn sie diese über ihre innere Situation im Unklaren lassen, dann können sie allmählich ihre körperlichen Empfindungen, Triebwünsche, ehrgeizige Liebesideale und kindliche Bedürfnisse nach Sicherheit und Bestätigung integrieren. Seelisch verletzte Kinder und Jugendliche haben in der Regel diesen Schutz nicht; entsprechend schwer fällt ihnen die Integration. Helga hat in der ergreifenden Szene, in der sie einen Mann nach dem anderen anfeuerte, sie angesichts des zärtlich geliebten, väterlichen Freundes zu ficken, den Versuch unternommen, die Verletzungen ihrer Zärtlichkeitswünsche durch den Mann, der sie als Lehrmädchen missbrauchte, neu zu inszenieren und diesmal die Rolle der Walküre zu spielen. In der Mythologie ist das eine Tochter des Schlachtengottes, die in den Krieg zieht und über den Ausgang einer Schlacht entscheidet. Denn der Sieg gehört immer dem, auf dessen Seite sie streitet.*

In allen Fällen einer sexuellen Traumatisierung, die ich bisher analytisch untersuchen konnte, war die normale Erprobungsphase der Adoleszenz gestört. Ihre Scham- und Schuldgefühle isolieren die Betroffenen von ihren Altersgenossen, weil es meist lange Zeit nicht möglich ist, mit den Kameradinnen darüber zu sprechen. Sie produzieren heftiges Misstrauen

* Die gepanzerte Tochter, die dem Haupt des Vaters entsteigt, ist ein griechisches Mythologem; die Walküren sind der Kriegsgöttin Pallas Athene verwandt, und beide symbolisieren nicht nur die Unbezwinglichkeit (Jungfräulichkeit) einer Stadt, sondern auch die manische Abwehr einer sexuellen Verletzung durch eine phallische Identifizierung.

gegen Beziehungen zu Männern, in denen das sexuelle Element spielerisch ist und sich entwickeln kann. Eine sexuelle Anziehung ist entweder sofort da oder für immer ausgeschlossen. Die normale Entwicklung läuft auf die Position hinaus: «Es kommt darauf an!» Sind zurückhaltende Frauen (Männer) anziehend oder draufgängerische, die ihren sexuellen Appetit unbekümmert zeigen? Ist es interessant, sich zu verweigern, oder schreckt es Partner ab? Soll man schon am ersten Abend miteinander schlafen oder nicht? Sind erfahrene Sexualpartner attraktiver oder unerfahrene? Es kommt eben darauf an, wie die Situation beschaffen ist und worauf die Beteiligten Lust haben. Sie müssen es nicht von vornherein wissen, sie werden sich miteinander schon einigen und die zwischen ihnen entstehende Erotik gemeinsam verarbeiten.

Es ist geradezu ein Charakteristikum der Traumatisierten, dass sie behaupten, sofort zu wissen, ob ein Mann/eine Frau «küssbar» sei oder nicht, wie es einmal ein Gruppenmitglied erzählte, das als Kind von einem Freund der Mutter missbraucht worden war. In solchen Äußerungen stecken Idealisierungs- und Kontrollbedürfnisse, die das Sicherheitsstreben eines verletzten Selbstgefühls erkennen lassen.* Nur der perfekte Partner ist gut genug; nur er verspricht genügend Aufwertung. Er muss sofort als solcher erkannt werden können und zur Verfügung stehen, denn die langsame Entwicklung von Erotik aus einer freundschaftlichen Beziehung kann kei-

* Die Beobachtung, dass Frauen Sexualpartner sorgfältig auswählen, während Männer jedem Rock nachjagen, ist von Soziobiologen als Beweis für eine genetisch geprägte Einstellung gedeutet worden: Das Männchen muss seinen Samen möglichst breit streuen, während das Weibchen sorgfältig nach dem Partner sucht, der den biologisch hochwertigsten Samen spendet. Wer so argumentiert, überspringt die Kulturgeschichte und verknüpft ein Sexualverhalten, das erst in der individualisierten Moderne möglich geworden ist, mit einer primitiven biologischen Konstruktion. Vgl. W. Schmidbauer, Biologie und Ideologie. Kritik der Humanethologie. Hamburg 1972.

nen Schwung entfalten, der über die Ängste hinweghilft, der Partner könne sich in den Dämon der traumatischen Szene verwandeln.

Das Trauma gleicht dem Faustschlag, der die Spielfiguren durcheinander wirft; wer davon betroffen ist und es nicht mehr vergessen kann, glaubt auch nicht mehr an seine Fertigkeiten im Spiel und daran, dass er gewinnen kann, wenn er diese übt. Er hofft auf den Zufall, auf das Glück, umso blinder, je mehr er sich in der traumatischen Situation einem bösen Schicksal ausgeliefert fühlte.

Die sexuelle Traumatisierung lässt sich ebenso an der Hypersexualität erkennen wie an der nachdrücklichen Behauptung, das sexuelle Element sei gottlob aus dem eigenen Leben verbannt, in dem man es eigentlich ohnehin nie gebraucht habe, unverständlich, warum andere derart viel daraus machen.

Helgas Schwanken zwischen Hypersexualität und völliger Empfindungslosigkeit zeigt deutlich, dass beide Positionen einander bedingen. Die Sexualunterschätzung und die Sexualüberschätzung gehören zusammen.

6 SCHEHREZADES HEILKUNST

Der Laie wird es wohl schwer begreiflich finden,
dass krankhafte Störungen des Leibes und der Seele
durch «bloße» Worte des Arztes beseitigt werden sollen.
Er wird meinen, man mute ihm zu, an Zauberei zu glauben.
Er hat damit nicht so unrecht: die Worte unserer
täglichen Reden sind nichts anderes als
abgeblaßter Zauber.

S. Freud, Psychische Behandlung, GW V, S. 289

Kein Zweifel, Schehrezade hat König Schehrijar von einer Persönlichkeitsstörung geheilt. Sie hat etwas geleistet, was der klugen Braut im europäischen Märchen vom Ritter Blaubart nicht gelingt, die mit dem Leben davonkommt, den Mann aber dem Tod ausliefern muss. Allerdings hat auch König Schehrijar einen Vorzug vor dem Ritter Blaubart: nicht den, dass er liebevoller mit seinen Gemahlinnen umgeht; er belügt sie jedoch nicht über das Schicksal, das ihnen droht. Sind wir naiv, wenn wir eine Märchenfigur als Modell für einen heilsamen Umgang mit der sexuellen Traumatisierung nehmen? Im Sinn der Aufklärung gewiss, die derlei Geschichten als Ammengeschwätz abgetan hat. Aber in einer poetischen und psychoanalytischen Tradition keineswegs, denn von Herder bis Freud hat es kluge Männer gegeben, die sich der Tatsache nicht verschließen wollten, dass in den Ammenmärchen ein Wissen um die menschliche Existenz steckt, das der Vernunftglaube nur entwerten, aber nicht erfassen kann. Zu den Bildern vom Orient, die Schehrezades Gestalt erweckt, gehört der Märchenerzähler. Seine Gestalt hat kaum jemand ergreifender geschildert als Elias Canetti. Sein Text über «Die Stimmen von Marrakesch» hat sich in meiner Erinnerung in eine Klage über den Verlust von Unmittelbarkeit verwandelt, der den einsamen Schriftsteller in seinem Hotelzimmer über dem Marktplatz trifft, auf dem die Märchenerzähler inmitten ihrer Hörer ihre Geschichten erzählen. Vielleicht beklagen sich die Märchenerzähler ihrerseits, dass ihnen heute nur noch Arme, Kinder und Frauen zuhören, während früher auch Mächtige im Bannkreis ihrer Stimme verharrten. «Einst waren wir wie Priester, und niemand konnte sich den Geschichten entziehen, in denen es um das ewige Auf und Ab des Lebens geht, um Verlust und Eroberung, Liebe und Hass, Heimkehr und Trennung. Heute lauschen uns nur noch die, welche nichts Besseres zu tun haben.»

Sind Märchen trivialisierte, dem Verständnis von Kindern angepasste, sozusagen abgestürzte Mythen, die bei ihrem Sturz zerbrachen und aus deren Fragmenten nun neue Gebäude gebastelt werden? Oder haben sie neben Mythen und Riten, den ehrwürdigen Fundamenten der menschlichen Kultur, schon immer bestanden, in einem fließenden Übergang vom Ernst zum Spiel, in einem Zustand der gegenseitigen Befruchtung, wo die Mythen Märchenmotive in sich aufnahmen und die Märchen sich vom Abglanz der mythischen Helden bereicherten? Strenge Evolutionisten haben immer das Erste angenommen; wer aber davon überzeugt ist, dass zumindest im menschlichen Leben und in der Kulturentwicklung Regressionen auftreten, Rückschritte vom Erhabenen zum Banalen, wird eher davon ausgehen, dass sich die Motive mischen. Der Mythos, so heißt es, soll erklären und belehren, das Märchen unterhalten, ja von der Tragik des Lebens ablenken, indem es verlässlich dem Guten zum Sieg verhilft. Aber auch hier finden wir ein banales Bild von Unterhaltung, die sich doch nicht dadurch definieren lässt, dass wir in ihr nichts lernen und nichts vom Menschenleben verstehen.

Mir scheint im Gegenteil Misstrauen gegen alle Priester und Lehrer angebracht, die von mir verlangen, mich ihren Äußerungen zu nähern wie der Erzader im tauben Gestein oder dem Schlaraffenland hinter der Breimauer. Zu Geisteshöhen, die nur durch ödes Gelände erreichbar sind, mag sich hinplagen, wer will; ich schließe aus dem trostlosen Empfang, dass sich hier kein buntes Geheimnis, sondern ein ebenso farbloser Inhalt verbirgt.

Sind Traumen heilbar?

Da die Begriffe «Missbrauch» und «Trauma» in der öffentlichen Diskussion immer unschärfer werden, ist es fast verführerisch, die Grenze zwischen dem «echten» Trauma und der «belastenden Erfahrung», dem «Stress», so zu ziehen, dass die normalen Belastungen keine bleibenden Schäden hinterlassen, die traumatischen jedoch schon. Aber solche Modelle werden den seelischen Bedürfnissen nicht gerecht und erlauben auch keine Prognosen, mit denen wir therapeutisch arbeiten können. Wir müssten dann so vorgehen, dass wir alle Opfer von Stress und Belastung behandeln und erst dann von einer Traumatisierung sprechen, wenn sich ihr Zustand als unheilbar erweist. Aber da unsere Kuren Zeit beanspruchen und viele Verletzte sie meiden, wäre nicht einmal der Anfang dieser Strategie praktikabel. Daher werden die meisten Diagnostiker von einem Trauma sprechen, wenn eine Erfahrung extrem erschütternd ist und in dieser Gestalt als Belastung in einer Normalbiographie nicht auftaucht: Vergewaltigung, Folter, unfreiwillige Todesgefahr, schwere Unfälle, Verantwortung für den jähen Tod eines anderen (wie bei den U-Bahn-Fahrern, die zum Werkzeug eines Selbstmords werden).

Freiwillig gesuchte Lebensgefahr wie in den Risikosportarten steigert das Selbstgefühl. Sie kann zum Trauma werden, wenn es zu körperlichen Verletzungen kommt, welche den Akteur künftig dieser Selbstbestätigung berauben. Noch schwieriger zu bestimmen sind kindliche Traumatisierungen. Von welchem Maß des (verdeckten) Sadismus an wird ein Kind nicht «normal» (im Sinn von statistischem Durchschnitt) geprügelt, sondern traumatisiert? Wo ist die Grenze zwischen derbem Scherz und sexuellem Missbrauch?

Das Trauma ist in der Regel mit Erfahrungen absoluter Ohnmacht verknüpft. Die Opfer werden einer Gewalt unterworfen, die ihre eigenen Ziele über die Einfühlung in ihren Schmerz setzt und ihr Leben nur schont, um sie auszunutzen. Das gilt für eine Vergewaltigung ebenso wie für prügelnde Eltern, einen rassistischen Übergriff oder den Einsatz ahnungsloser Rekruten an der Front.

Macht und Ohnmacht

Die schlichte Lerntheorie würde voraussagen, dass ein Opfer durch das Trauma extrem eingeschüchtert wird und jede Wehrhaftigkeit verliert. Solche Folgen können eintreten: Fatalismus, Überzeugungen über eigene Hilflosigkeit, die wie eine Prophezeiung wirken, welche sich selbst erfüllt. Wer glaubt, keiner äußeren Gewalt etwas entgegensetzen zu können, wird schließlich in der Tat nichts mehr haben, das ihm hilft, sich zu wehren. Dass überforderte Lebewesen Hilflosigkeit erlernen können, ist in Tierversuchen dokumentiert und als Modell zur Erklärung der Depression verwendet worden.

In dem Märchen zeigt König Schehrijar, wie ihn die schiere Macht des Traumas überwältigt. Er gibt alles auf, was er hat, und flieht sozusagen nackt aus den Trümmern seines zerstörten Selbstgefühls. Das Erlebnis mit dem Dämon stellt sein

Selbstgefühl nur teilweise wieder her. Es beweist nicht nur, dass Mächtigeren als ihm solche Kränkungen widerfahren, sondern enthält auch eine Retraumatisierung: Indem die Geliebte des Dämons den König und seinen Bruder zum Geschlechtsakt zwingt, verstrickt sie beide in die betrügerische Szene, der sie doch entfliehen wollten.

Sie verdoppelt das Ohnmachtserleben des Königs derart, dass wir sein Verhalten nach seiner Rückkehr damit verknüpfen müssen: Indem Schehrijar jede seiner Geliebten nach der ersten Nacht töten lässt, tötet er jedes Mal (und doch niemals) die Frau, die ihn vergewaltigt hat und hinter der in unserem Modell die Mutter steht, die sich an ihren Söhnen dafür rächt, dass der Vater sie nicht so behandelt, wie sie es sich wünscht.

Steht etwas hinter dieser Mutter? Natürlich beziehungsweise: kultürlich. Psychotherapeuten meinen, Letztes gefunden zu haben, wenn sie im Symptom des Erwachsenen die konflikthafte Phantasie des Kindes aufgespürt haben. Aber wenn wir uns damit nicht zufrieden geben, dann führen die Hintergründe der kindlichen Phantasie in neue Fragen, in die Kulturforschung, die sozialen Aspekte von Unterdrückung, Ausbeutung und Hass, die Zwänge der kulturellen Evolution mit ihrer Selektionsprämie für Aggression und Leistung ohne Rücksicht auf Verluste an Einfühlung, Kreativität, Weisheit.*

Die Sklavin des Dämons, welche die Angst der beiden Männer ausbeutet, ist eine kaum verhüllte Vertreterin dieser Mutter. Indem sie die Männer demütigt, rächt sie sich an dem Mann, der sie gedemütigt hat.

Die Entwicklung Schehrijars weist in eine andere Richtung als die verstärkte Hilflosigkeit des Traumatisierten. Sie zeigt

* Seit seiner ersten Fassung in einem 1972 erschienenen Text («Die sogenannte Aggression. Die kulturelle Evolution und das Böse») hat mich dieser Gedanke einer Auslese von Symbolsystemen beschäftigt, welche die Individuen in einem gerade noch zumutbaren Maß traumatisieren.

eine Gegenreaktion, die in der Neurosenlehre mit Begriffen wie Überkompensation oder Reaktionsbildung verbunden wird. Wenn ein pummeliges Mädchen sich in der Pubertät zu einem erbarmungswürdigen Skelett zurechthungert und immer noch glaubt, zu dick zu sein, erleben wir eine wie blindwütig über jedes vernünftige Ziel hinausschießende Gegenkraft. Ähnliches gilt für die zwanghafte Sauberkeit jener, die ihre Lust an Schmutz und Chaos abwehren. Solche Reaktionsbildungen sind, seit Freud den Blick der Kliniker schärfte, beschrieben worden – unter anderem von Alfred Adler, der die «Kompensation der (Organ-)Minderwertigkeit» zum Prinzip erhob. Er griff Fälle auf wie den stotternden Demosthenes, der mit Kieselsteinen im Mund die Brandung überschrie und zum größten Redner der Antike wurde. Ähnlich kann der oder die Traumatisierte alle Gegenkräfte steigern, bis schließlich, wie das Sandkorn in der Perle, die ursprüngliche Verletzung nicht nur unsichtbar geworden, sondern durch eine besondere Kostbarkeit ersetzt ist.

Franziska, eine fünfzigjährige, beruflich sehr erfolgreiche und hoch begabte Kulturmanagerin, suchte therapeutische Hilfe, weil sie jedes sexuelle Interesse verloren hatte und sich leer fühlte. Der Libidoverlust hing mit einer Bandscheibenoperation zusammen, die sie als ersten Einbruch in einer idealisierten Beziehung zu ihrem Körper verarbeitet hatte.

Franziska stammte aus kleinen Verhältnissen und war von einem narzisstisch sehr belasteten Vater streng und mit zahllosen Entwertungen erzogen worden. Sie wurde wiederholt von einem Freund der Familie vergewaltigt («Meine Eltern hätten die Schuld nur mir gegeben»). Sie zog mit 18 von ihren Eltern fort, begann ein Verhältnis mit ihrem nächsten Chef ebenso wie mit dessen Nachfolger und machte eine steile Karriere.

In dieser spielte Franziskas sexuelle Attraktivität eine zentrale Rolle: «Mein Körper war wichtiger als die Schreibmaschine!» Sie empfand sich als ausgesprochen weiblich, anziehend, erlebnisfähig, lustorientiert; gestand auf Befragen hin aber auch eine Art Rastlosigkeit und eine Neigung zu sexuellen Abenteuern unter Alkoholeinfluss, deren sie sich nachher schämte.

Franziskas Entwicklung zeigt die Überkompensation einer sexuellen Traumatisierung durch eine leibfeindliche, einfühlungsarme Erziehung und die rücksichtslose Ausbeutung ihrer schwachen Position durch den Familienfreund, der als großer Frauenheld und «unwiderstehlich» galt. Später spielte sie mit den Männern, wie der sadistische Vergewaltiger mit ihr gespielt hatte.

Die Angst, sie könnte ihre Beweglichkeit und damit ihre Möglichkeit zur sexuellen Aktivität verlieren, führte zu einer Retraumatisierung, in der sich Franziska von ihrem mühsam wiedereroberten Körper betrogen und im Stich gelassen fühlte. «Es geschieht mir schon recht, wenn ich keine Lust mehr habe, warum bin ich nicht so fit wie früher!» In diesem Satz spiegelt sich die Rache am Selbst für den Einbruch der kompensatorischen Fassade.

Franziskas Therapie verlief sehr dramatisch. Nach wenigen Stunden sagte sie, sie sei nun «geheilt», im Gegenteil: Sie empfinde ungeahnte Lustmöglichkeiten, habe auf der Straße nach der Analysestunde einen Orgasmus erlebt, heftiger als alles Bisherige, es sei ihr egal gewesen, ob Passanten sie dabei beobachtet hätten. Der Analytiker erfuhr davon allerdings nicht so glatt, wie es hier beschrieben ist; Franziska durchlitt panische Ängste und Schamattacken, ehe sie ihm dieses Geständnis machte – und schließlich sagte, dieser Orgasmus sei ein Geschenk an ihn.

Hier wird deutlich, wie das verletzte Selbstgefühl Franziska veranlasst, eine verführerische, hinreißende Kraft zu entwickeln. Die ganze Welt wird erotisch durchtränkt: «Ich fühle mich wie eine läufige Hündin.» Franziska erzählt mit einer Mischung aus Stolz und Scham, dass sie keine Unterwäsche trägt, dass der Vollmond sie toll macht und sie bei Neumond fastet, dass ihre Erotisierung mit dem Mond zunimmt und wieder schwindet.

Einmal hatte sie einen Maler zahlreiche Zeichnungen von sich machen lassen, von denen sie in einer Mischung aus Stolz und Scham die «schlimmste» mit in die Analyse brachte. Sie zeigte Franziska in einem hinreißend erfassten Akt als Hermaphroditen mit aufgerichtetem Penis. Die Intensität von erotischen Übertragungen wie der von Franziska kann sich so steigern, dass sie einer Bearbeitung unzugänglich werden und die Behandlung scheitert. Das ist vor allem dann der Fall, wenn zu ihrer Abwehr projektive Mittel eingesetzt werden: Die Leidenschaft in der therapeutischen Situation wird dann nicht mehr als etwas erlebt, das von der Analysandin ausgeht, sondern sie gehört zum Analytiker; er liebt, er ist erregt, er teilt diesen Zustand durch tausend heimliche Botschaften mit. «Er liebt mich, ohne davon zu wissen», glaubt die Patientin und beginnt nun heimlich, den Analytiker zu analysieren. Die Folge sind merkwürdig leere, quälende Sitzungen, in denen wenig gesprochen wird und doch eine unheimliche Spannung entsteht.

Franziskas Leidenschaft blieb eine der Analyse zugängliche Übertragungsliebe; ihre Intensität freilich zeigte, mit wie gefährlichen Kräften ein Therapeut zu tun hat. Um dem kraftvoll und sehnsüchtig vorgetragenen Liebeswerben einer anziehenden, tief verletzten Frau mit Zuneigung, Takt und Einfühlung zu begegnen, reichen Erfahrung und Disziplin nicht. Die Mittel der Einsicht und der Verständigung wirken schwach und seltsam blass gegenüber dem drängenden Wunsch, die ungerechte, grausame Verletzung des erotischen Selbstgefühls durch den Triumph der Erotik über die «kalte» Therapie auszugleichen. In keiner anderen Konstellation ist die Gefahr des sexuellen Agierens so groß wie in der Arbeit mit Traumatisierten. Wir haben beschrieben, wie groß ihre Neigung ist, das Trauma zu reinszenieren, immer in der Hoffnung, diesmal die Verletzung durch einen Triumph zu ersetzen. Erotisch attraktive Personen, die keine reale Beziehung halten können, aber voller Sehnsucht sind und dem Helfer mit schwärmerischer Verehrung begegnen, weil er der Erste, der Einzige ist, der mit ihnen geduldig und voller Interesse über ihre Ängste spricht, benötigen ein genaues Verständnis ihrer Entwicklung.

Dieses zu erarbeiten braucht Zeit, aber jeder kleine Schritt auf diesem Weg ist wertvoller als der Versuch, den plakativen Mangel an einem «richtigen» Partner dadurch zu beheben, dass der Helfer (oder die Helferin) seine (ihre) Aufgabe vergisst, um seine (ihre) erotische Potenz zu beweisen. Ein Therapeut, der das tut, setzt die Täuschung an die Stelle der befreienden Wahrheit: Er lässt sich als Sexualpartner idealisieren und blockiert dadurch die Analyse der Idealisierungsbedürfnisse, welche die manische Abwehr prägen.

Die Kunst des Therapeuten drückt sich in dieser Situation darin aus, die Therapie selbst zu erotisieren, zu zeigen, dass sie eine gute Sache ist, jeder Leidenschaft wert, nicht eine kalte, schäbige, gekaufte Dienstleistung. So verzerrt sie die Patientin gern in ihrem Liebeswerben. Die Gefahr liegt nicht nur darin, die Therapie zu überhitzen, den Auftrag zu vergessen und sich auf ein erotisches Abenteuer einzulassen. Sie liegt auch darin, die Therapie abzukühlen, die Patienten – wenn schon nicht zärtlich – dann doch durch Sadismus zu befriedigen,*

* «Sie müssen mir diese Gefühle austreiben, egal wie, beschimpfen Sie mich, bestrafen Sie mich, verbieten Sie sie mir, so geht das nicht weiter», sagte Franziska zu ihrem Analytiker. Es war ein wichtiger Schritt, als sie diese sadistische Position überwinden konnte und stolz, strahlend, in tief ausgeschnittenen Tops und kürzesten Röcken in die Analyse kam.

ihre Sehnsucht als Widerstand, als mangelnde Kooperation abzuwerten.

Der Therapeut sollte also gerade aus Zärtlichkeit und Zuneigung zu seiner verletzten Patientin dieser *nicht* ihren einzigen, drängendsten Wunsch erfüllen, mit dem sie sich an ihr Trauma bindet, statt sich von ihm zu befreien. Diese liebevolle Haltung widerspricht der Professionalität nicht, sondern ist eigentlich ihr Kern.

In der Therapie spiegelt sich die Dialektik des sexuellen Selbstgefühls. Sind Patientin und Therapeut gut damit versorgt, wird die Analyse einer erotischen Übertragung nur wenige Probleme bereiten. Ist der Therapeut gut damit versorgt, wird er die Abstinenz hoch schätzen und seinen professionellen Auftrag erfüllen, weil er keine donjuanesken Mittel benötigt, um einen narzisstischen Mangel zu kompensieren. Ist die Patientin damit ausreichend versorgt, kann sie verführerischen Angeboten eines Therapeuten widerstehen und auf einer professionellen Zusammenarbeit beharren.

Wenn jedoch eine in ihrem sexuellen Selbstgefühl verletzte Patientin auf einen Therapeuten trifft, der nach dauernder erotischer Bestätigung hungert, dann ist es leicht um die professionelle Aufgabe geschehen.

Auch ein Therapeut, der die Patientin durch Vorwürfe, verletzende Kritik oder den Abbruch der Behandlung zu disziplinieren versucht, kann erheblichen Schaden anrichten.

Beispiel: Die 38-jährige Rita kommt mit heftigen Ängsten und Suizidphantasien. Sie «musste» eine Gruppentherapie abbrechen, die sie wegen ihrer Eheprobleme und ihrer Ängste vor einem Wiedereinstieg in den Beruf aufsuchte, weil sie sich «wahnsinnig» in den Therapeuten verliebt hat.

Sie erlebt panische Angst, wenn sie den Therapeuten nur sieht. Dieser habe ihr immer wieder in verletzender Form Verklemmtheit vorgeworfen, die sich doch auch darin ausdrücke, dass sie von ihm, dem zur Abstinenz verpflichteten Therapeuten, Zärtlichkeiten wolle und ihren Ehemann verhungern lasse. Sie solle endlich zu ihren wirklichen Gefühlen stehen und diese Spielchen mit ihm aufgeben.

Wer solche Berichte hört, ist in einem Dilemma: Die Solidarität mit dem Kollegen befiehlt, solche Anklagen nicht als bare Münze zu nehmen; die Verantwortung für die Kranke gebietet, ihren Schmerz und ihr Leid zu akzeptieren. Es ist dann hilfreich, gut vernetzt zu sein und den angeschuldigten Kollegen auch aus anderen Berichten kennen zu lernen, da die Diskretion meist eine direkte Kontaktaufnahme und Abklärung verbietet. Was ich wusste, ließ mich Rita glauben; sie erwies sich als sehr selbstkritische und korrekte Person, die sicher nicht traumatische Sequenzen dieser Therapie erfunden hatte.

Mir wurde deutlich, dass der Therapeut in diesem Fall die Übertragungsliebe auf eine Weise «erwidert» hatte, die scheinbar seine berufliche Korrektheit demonstrierte, in Wahrheit aber die bedrohlichen Gefühle der Patientin mit sadistischen Mechanismen abwehrte. Solche Verhaltensweisen sind heimtückischer als offenkundigere Formen eines sexuellen Agierens, weil sie den Therapeuten in der Illusion belassen, eine berufliche Rolle auszufüllen, die er in Wahrheit längst verloren hat.

Vermeidung und Wiederholung

Ein schlichtes Modell über menschliches Lernen würde nahe legen, dass Traumatisierte künftig meiden, was sie verletzt hat. Manche Alltagsbeobachtungen scheinen das zu bestätigen. Das Trauma hat Angst ausgelöst; die Angst führt zur Flucht aus der verletzenden Situation. Das von einem Hund angefallene und gebissene Kind geht allen Hunden aus dem Weg; der im Bunker verschüttete Soldat entwickelt eine neurotische Zitterlähmung und kann auch im Frieden nicht mehr in den sicheren Keller seines Hauses gehen; die als Kind von ihrem Stiefvater sexuell missbrauchte Frau entschließt sich zu einem Leben ohne Männer.

Aber auch das Gegenteil gilt. So sind viele Prostituierte als Kinder sexuell missbraucht worden. In diesen Fällen hat die Verletzung nicht dazu geführt, den traumatisierten Lebensbereich zu meiden, sondern ihn im Gegenteil mit besonderer Intensität aufzusuchen. Diese Intensität hat allerdings eine Eigenart, welche sich doch wieder mit dem Trauma verbinden lässt: Es geht um den Versuch, die Kontrolle über das vom Trauma verwüstete Areal zurückzugewinnen.* Ähnliche Verarbeitungsformen sind auch angesichts der Kriegstraumen beschrieben worden: Der Soldat fühlt sich, kaum hat er sich von den ärgsten Verletzungen erholt, im friedlichen Alltag fehl am Platz und meldet sich freiwillig für den nächsten gefährlichen Einsatz. Im Krieg kann er das als patriotische Pflicht rationalisieren; im Frieden muss er sich als Söldner verdingen.

Bei einer Patientin, die von ihrem Stiefvater missbraucht worden war, hatten sich beide Reaktionsstränge verwickelt: Sie lehnte einerseits Männerbeziehungen mit heftigen Entwertungen ab – «ich kann auf diese schwanzfixierten Typen verzichten, ich brauche das nicht» – und suchte andererseits in Nachtloka-

* Die neuere Blüte von Patent-Traumatherapien, die sich zum Teil mit Hilfe eines Warenzeichens über ihre Vorläufer erheben, drückt diese Dynamik eher aus, als sie zu überwinden. Wer genauer hinsieht, findet oft primitivste Modelle, zum Beispiel ein Konzept, welches das Posttraumatische Syndrom auf den «Totstellreflex» zurückführt, der aus biologischen Gründen einsetze, wenn die Flucht-Kampf-Reaktion überfordert sei. Die höchst unterschiedlichen Formen der Bewältigung von Traumen werden auf diese Weise verschleiert, um das eigene Produkt besser zu vermarkten. Das Trauma «zentralisiert», das heißt, es vereinfacht; die Theorien über das Trauma tun das oft auch.

len und auf Urlaubsreisen Kontakt zu afrikanischen Männern, mit denen sie in höchst gefährliche Situationen geriet.

Sie wurde dabei öfter vergewaltigt oder gedemütigt, steckte sich einige Male mit Gonorrhö an und «verstand» nicht, weshalb sie sich in solche Situationen brachte, mit Sexualität habe es jedenfalls nichts zu tun, damit habe sie abgeschlossen, in der Therapie ertrage sie die Nähe zu einem Mann nur deshalb, weil Therapeuten geschlechtslos seien. Angesichts solcher Situationen ist es verständlich, den Spaltungsneigungen traumatisierter Patienten durch das Konzept einer «multiplen Persönlichkeit» entgegenzukommen. Dadurch erhält die verletzte Seele die Entlastung, «etwas Besonderes» zu sein, das heißt eine narzisstische Aufwertung. Das Opfer kann seine Lebensführung künstlerisch gestalten, den bisher bekannten «Persönlichkeiten» neue hinzufügen und versuchen, mit diesen Varianten seiner selbst konstruktiv umzugehen.

Es ist dem Menschen nicht vergönnt, sein Leben zu verbrennen und sich wie Phönix aus der Asche zu erheben. Aber die therapeutische Sekte der Multiplen-Persönlichkeit-Gläubigen bietet in gewisser Weise Ersatz. Sie teilt das Leben in verschiedene Stränge auf, von denen einige in der Illusion gesponnen sind, sie hätten nichts mit dem Trauma zu tun; dieses ist einer anderen Person widerfahren. Das enthält Merkmale eines archaischen Glaubens: «Nicht ich handelte, sondern ein Dämon ergriff mich.»

Kein Therapeut sollte die heilenden Qualitäten dieser urtümlichen, schamanistischen Formen der Lebens- und Welterklärung unterschätzen, aber er sollte auch nicht verleugnen, dass es sich hier um Suggestion, nicht um Aufklärung handelt. Ohne den pseudowissenschaftlichen Anspruch der Lehre von einer multiplen Persönlichkeit geht Schehrezade nicht unähnlich vor. Sie beginnt Geschichten zu erzählen, welche das eine, übermächtige Trauma relativieren, das Schehrijar wieder und wieder inszenieren muss. Sie zeigen dem König, dass es viele Schicksale, viele Verletzungen, viele Möglichkeiten der Heilung gibt, dass aber alle in die Zukunft gerichtet sind und darin versagen, eine belastende Vergangenheit ungeschehen zu machen. Gerade das ist es aber, was er versucht und woran er immer wieder scheitert. Indem Schehrezade ihn daran hindert, ihre Geschichte zu unterbrechen, blockiert sie seinen Zwang, bis unmerklich das heilsame Ritual sein destruktives ersetzt.

Überempfindlichkeit und Anästhesie

Von manchen Traumatisierten wird berichtet, dass sie derart geräuschempfindlich werden, dass sie bereits das Ticken einer Uhr zu einem Wutausbruch treibt. Der Kriegsveteran, welcher mit einer Schrotflinte auf Kinder schießt, die vor seinem Schlafzimmer lärmen, ist eine gefährliche Variante dieser Überempfindlichkeit. Sie spiegelt den Schaden an den Persönlichkeitsfunktionen, die im normalen Leben die Reizverarbeitung steuern und uns helfen, das Ticken der Uhr oder den Lärm auf der Straße zu überhören und uns auf das zu konzentrieren, was wir hören wollen.

Wie wichtig Konzentration im menschlichen Leben ist, wissen am besten jene, die zu wenig davon haben. In vielen Kulturen gibt es ausgefeilte Übungen, die Konzentration zu schulen – etwa das Yoga in Indien, die Zen-Meditation in Japan –, welche diesen gefährlichen Mangel beheben sollen und sicher auch hilfreich in Fällen seelischer Traumatisierung sind. Im Westen werden sie gegenwärtig vor allem als Körpertherapie und Entspannungs- oder Konzentrationstraining eingesetzt. Es sind immer Methoden der Lenkung, bezogen auf das Trauma: der Ablenkung von der Erfahrung, welche dem Selbstgefühl unerträglich war und den Reizschutz außer Kraft gesetzt hat.

Das Trauma hängt mit dem Zustrom einer übergroßen Reizmenge zusammen. Die spontane Gegenreaktion des Organismus folgt dem Trauma insofern, als auch sie große Anstrengungen einsetzt, alle Aufmerksamkeit auf das Trauma lenkt und es um jeden Preis ungeschehen machen will.

Eine Illustration ist Schahzamans Appetit- und Freudlosigkeit, die sein Bruder mit dem Angebot einer großen Freude – dem Jagdzug – beheben will, ohne dass ihm das gelingt. Schahzaman ist von seiner Kränkung beherrscht; nur sie hat in seinen Gefühlen Platz; der Rest seiner Person funktioniert sozusagen herzlos, mechanisch, wie ein Golem oder Zombie. Erst als Schahzaman beobachtet, dass sein Bruder noch mehr gedemütigt ist als er selbst, erholt er sich.

Dem Traumatisierten erscheint es oft als Unrecht, als persönliches oder moralisches Versagen, wenn er etwas genießt, ohne an das Trauma zu denken. Wer über den Verlust eines engen Freundes trauert, entdeckt beispielsweise mitten beim Essen, dass er jetzt die Speisen herzhaft genossen und darüber den Freund gänzlich vergessen hat. Von diesem Augenblick an ist ihm der Genuss verleidet, er erscheint jetzt wie ein Verrat an dem Freund.

Die Rache ist eine primitive Verarbeitungsform des Traumas, die dem kannibalischen Narzissmus nahe steht. Sie leitet den ursprünglichen Impuls, das Trauma ungeschehen zu machen, in eine verwandte Vorstellung um: Das Trauma wird sozusagen magisch erledigt, indem ich es an den zurückgebe, der es mir zugefügt hat. «Auge um Auge, Zahn um Zahn.» Wer mir einen Lieben mordet, dem werde ich dasselbe tun; wer mir etwas nimmt, den beraube auch ich.

Wir sollten uns hüten, dem Gesetz des Talion den Vorwurf zu machen, es sei primitiv. Im Gegenteil ist es bereits der Versuch einer hoch entwickelten Kultur, den Umgang mit narzisstischer Wut zu regulieren. Diese soll nicht maßlos ausgelebt werden und den Feind, der mir ein Auge ausgeschlagen hat, mit Leib und Leben ausrotten, sondern die Entschädigung begrenzen, sie einer vernünftigen, abwägenden Auseinandersetzung zuführen: nur ein Auge … nur ein Zahn …!

Rache ist ein so vertrauter Impuls, dass wir sie auch Tieren unterstellen. Als Kind war ich überzeugt, dass die Wespen, welche aus ihrem Erdloch schwirrten, wenn wir mit Stöcken hineinstachen, sich an mir rächen wollten. Auch das Gegenstück der Rache, das Angebot einer Wiedergutmachung – das Opfer –, ist im spontanen Verhalten nachweisbar. Als ein Freund auf einer Amerikareise meine neben dem Schlafsack abgelegte Brille zertrat, legte er, ohne einen Augenblick nachzudenken und noch vor einer Entschuldigung, die eigene Brille daneben und bedeutete mir, sie zu zertreten.

Das Rachemotiv als Wiedergutmachung der Verletzung durchzieht auch das Märchen: Schahzaman rächt sich sofort, indem er seiner Frau und ihrem Geliebten den Kopf abschlägt; Schehrijar baut ein Rache-Ritual auf, indem er all seine Geliebten nach der ersten Nacht hinrichten lässt. Die Geliebte des Dämons rächt sich an den Männern und an ihm. Einzig Schehrezade verzichtet auf Rache. Sie bietet sich als Opfer an und erreicht in kleinen Schritten, dass sich Schehrijar immer weiter von der ständigen Erneuerung seiner Traumatisierung entfernen kann, ohne das zu bemerken. Denn im Bestreben, das Trauma zu rächen, wird es konserviert, es bleibt frisch und inszeniert sich – auch weil Rache Gegenrache weckt – immer wieder neu.

Die wesentliche Gemeinsamkeit aller heilsamen Umgangsformen mit dem Trauma ist der Verzicht auf den großen Reizaufwand, der dem traumatischen Zustand der Reizüberschwemmung entspricht: sozial gesehen, der Verzicht auf Rache; innerseelisch gesehen, der Verzicht auf das Ungeschehenmachen-Wollen.

In der klassischen Verhaltenstherapie wird dieser Verzicht auf den schnellen Erfolg und den großen Sieg an einfachen Beispielen gelehrt. Wer sich vor Schlangen fürchtet, soll sich nicht zusammennehmen, sondern entspannen; dann soll er sich eine weit entfernte, harmlose Schlange vorstellen, die sich ihm so weit nähert, bis er seine Angst spürt; jetzt wird die Entspannung vertieft, bis diese Situation harmlos geworden ist. So geht es Schritt um Schritt voran; das große Gefahrenkonglomerat wird in viele kleine Risiken zerlegt, von denen jedes einzeln bezwungen werden kann. Auch in anderen Formen der Konzentrations- und Entspannungsübung, der Körpertherapie und der gelenkten Phantasie werden kleine Schritte vorgeschlagen, die das katastrophale Ereignis nicht mit einer einzigen Umkehrung beseitigen können, aber allmählich die Gegenkräfte stärken, ganz wie es Schehrezade auf ihre Weise tut. Heute ist Psychotherapie auch eine Ware. Therapeuten rivalisieren um die soziale Anerkennung ihres Produkts als des besten auf dem Markt. Angesichts der Aktualität der Traumadebatte und des Kampfes um Anteile am psychologischen Dienstleistungsumsatz fehlt es nicht an Versuchen, Konglomerate aus zum Teil längst bekannten Entspannungs- und Übungstechniken als warenzeichengeschützte, «allein wirksame», «ganz spezifische» Traumatherapie zu vermarkten. Es wird so getan, als hätten nicht schon immer Therapeuten die Leiden Traumatisierter behandelt. In Wahrheit ist die Traumatherapie noch viel älter, sie reicht zurück in die Zeit der Schamanen und beschäftigte nach den Schamanen Ärzte, Priester, Philosophen und Künstler.*

* Vgl. W. Schmidbauer, Vom Umgang mit der Seele. Entstehung und Geschichte der Psychotherapie. Frankfurt (Fischer) 2000.

In dieser Konkurrenz wird der Psychoanalyse vorgeworfen, sie leugne die Realität des sexuellen Traumas durch ihren Hinweis auf die Bedeutung der Phantasie und sie könne reale Traumen Erwachsener nicht behandeln, da sie durch ihr Gebot der freien Einfälle diese mit verletzenden Erinnerungen überschwemme und daher erneut traumatisiere.

Solche Einwände treffen da zu, wo Analytiker hinter ihre eigenen Einsichten zurückfallen. Es mag auch unter ihnen Therapeuten geben, die ihre Methode in den Dienst einer sozialen Fassade stellen und nicht in der Lage sind, sie mit Inhalt zu füllen. Dann wird der Analytiker nach einem Schema vorgehen und den Patienten, der es nicht verträgt, für unanalysierbar halten.

Häufiger aber ist dieser Analytiker ein Pappkamerad, den rivalisierende Therapeuten aufstellen, um an ihm ihre Überlegenheit zu zeigen. Dann wird unterstellt, dass Analytiker Patienten zu freien Einfällen zwingen und daher nicht in der Lage sind, schonend mit Traumatisierten umzugehen, welche die volle Wucht ihrer Erinnerungen nicht ertragen. Ferner heißt es, dass Analytiker immer auf die Kindheit hinauswollen und deshalb Traumen im späteren Lebensalter nicht verstehen beziehungsweise missinterpretieren, indem sie die gegenwärtige Verletzung auf eine frühere zurückführen.

In Wahrheit ist die Methode der freien Einfälle seit je ressourcenorientiert. Sie sucht Bereiche zu finden, in denen das seelische Geschehen nicht einem traumatisch bedingten Wiederholungszwang unterworfen ist. Daher zielt beim Traumaopfer die analytische Methode *nicht* dahin, den Betroffenen seinen Schreckensbildern zu überlassen oder sie heraufzubeschwören, wenn er gerade glücklich – oder doch weniger unglücklich – darüber ist, dass er nicht an sie denken muss.

Es geht vielmehr darum, herauszufinden, welche Vorerfahrungen die Verarbeitung erleichtern können und welche sie erschweren. Wo liegen ungenutzte Kräfte für den Traumatisierten? Können die kreativen Möglichkeiten seines Unbewussten geweckt oder so gelenkt werden, wie es günstiger für ihn ist?

Die Psychoanalyse eignet sich wahrscheinlich nicht für jene Traumaopfer, welche Halt in einer esoterischen Form der Frömmigkeit oder in einer Spiritualität finden, die sich von der wissenschaftlichen Vernunft distanziert oder über diese erhebt. Die Psychoanalyse untersucht und benennt Illusionen, auch Illusionen über die eigene Person. Sie respektiert die Abwehr, die beispielsweise in dem Aufbau einer multiplen Persönlichkeit liegt, aber sie benennt sie auch und kann solche Modelle nicht festigen. Sie kann keinen höheren Sinn, keine göttliche Fügung im Leid erschließen, aber sie kann auf einem Weg begleiten, der Freude, Hoffnung und Liebe ebenso zulässt wie Leid, Verzweiflung und Hass.

Der Analytiker ist geschult, Menschen auf dem Weg durch das zu führen, was eine idealistische Auffassung des Lebens Finsternisse oder Abgründe nennt, was aber, vorurteilslos betrachtet, Teil des Lebens ist. Daher ist er auch ein guter Gesprächspartner für den Traumatisierten, denn er versucht gar nicht, ihm die Größe seines Schmerzes und seiner Angst zu verkleinern, ihm seine Verzweiflung auszureden, ihm Sinn oder Hoffnung einzupflanzen und ihn auf diese Weise noch mehr zu deprimieren, weil der Traumatisierte das ohnehin so gern tun würde, wenn er nur könnte.

Ein schönes Wort aus der Schule von Melanie Klein dafür ist Containment. «Container» kennen wir heute vor allem als die riesigen Behälter, welche den modernen Frachtverkehr bestimmen. Containment bedeutet, dass ein Mensch aufnimmt, was mit einem anderen geschehen ist, und nicht versucht, über diese Aufnahme und das Verstehen der Zusammenhänge hinaus Einfluss auf die andere Person zu gewinnen. Die

Bereitschaft zum Containment hat oft erstaunliche Folgen: Da ein Mensch der natürliche «Verstärker», der Resonanzboden für den anderen ist, kann der Gesprächspartner mehr und mehr dieselbe ruhige, aufnehmende Haltung für das entwickeln, was er bisher als unmenschlich, als Kainszeichen, als verächtlich, sündhaft oder schambesetzt bekämpft hat. Dadurch werden neue Kräfte frei, die bisher in der Abwehr, der Bekämpfung und Verteufelung dessen gebunden waren, was jetzt im Container deponiert ist und zur Ruhe kommen darf. Nun klingt das einfacher, als es ist. Wenn es genügen würde, stumm zuzuhören, ließen sich Psychotherapeuten im Schnellkursus produzieren. Ehe das Containment wirkt, muss der Therapeut bewiesen haben, dass er wirklich aufnimmt, was ihm gesagt wird. Er muss sichern können, dass er die Rede des Kranken nicht deshalb hinnimmt, weil er zu träge oder zu dumm ist, etwas anderes mit dem ihm Anvertrauten zu tun.

Der Klient braucht Vertrauen. Er deponiert Wertvolles. Die Deutungen, die in der klassischen Psychoanalyse als wichtigstes therapeutisches Mittel gelten, sind hier sehr hilfreich. Sie zeigen, dass die Bank kompetent ist, dass sie weiß, wie kostbar die Gabe ist, sie erläutern das System, unter dem das Anvertraute aufbewahrt und eingeordnet wird. Allerdings ist es nicht so, dass die Deutungen des Analytikers die Neurose so heilen wie Penicillin eine Lungenentzündung. Ausschlaggebend ist die Beziehung, die Klient und Therapeut aufnehmen; entwickelt sie sich positiv, tut es in der Regel auch die Behandlung; ist das nicht der Fall, dann gehen die schönsten Deutungen ins Leere.

«Gute Deutungen», Humor, Wertschätzung, narzisstische Bestätigung, Zuverlässigkeit, Zurückhaltung mit eigenen Wünschen (Abstinenz) sind alle zusammen die Materialien, aus denen ein guter Container gemacht ist. Das bedeutet auch, dass es ohne Persönlichkeit im Sinn der klassischen Literatur* nicht geht: Der Therapeut muss den Eindruck erwecken, dass er Lebenserfahrung und Weitblick besitzt, Urteile zurückstellen kann, nicht auf schnelle Erfolgserlebnisse und kritiklose Bestätigung angewiesen ist.

Spiel und Ernst

Freud sagt in den «Bemerkungen zur Übertragungsliebe», dass der Analytiker machtlos ist, wenn die Patientin auf direkter Befriedigung besteht und nicht bereit ist, eine symbolische Befriedigung zu akzeptieren. Er zitiert dazu Nestroy, der in solchen Fällen von «Suppenlogik und Knödelargumenten» spricht. In der Tat ist Humor die wichtigste Möglichkeit, auch in jenen Situationen Abstand herzustellen, in denen der Verzicht unmöglich scheint.

Franziska (siehe S. 123 ff.) sprach sehr oft, wenn es um den Bereich ihres Lebens ging, in dem sie sich ihrer Traumatisierung ausgeliefert gefühlt hatte, von ihrem «ersten Leben», das sie strikt von ihrem zweiten, gegenwärtigen trennen wolle. Damals habe sie schreckliche Dinge getan, von denen sie mir nichts erzählen könne.

Wenn sie so sprach, meinte ich die Erleichterung greifen zu können, welche das Konzept einer multiplen Persönlichkeit für die Opfer sexueller Traumatisierungen und ihre Therapeuten bietet. Obwohl Franziska sehr litt und massive körperliche Symptome entwickelte, hielt sie doch daran fest, dass sie es war, die diese Dinge getan hatte. Sie hatte, teilweise unter Alkoholeinfluss, frühere Vergewaltigungserlebnisse

* Goethe, Westöstlicher Diwan, Buch Suleika: «Volk und Knecht und Überwinder …»: «Höchstes Glück der Erdenkinder/Sei nur die Persönlichkeit.»

nachinszeniert und Männer planmäßig «vernascht». Während sie als Mädchen wehrloses Opfer war und nur Schmerz empfand, war sie jetzt Täterin – wenn sie mehrere Männer auf ihr Zimmer lud oder einem sagte, er solle doch auf den Parkplatz kommen und sie auf der Kühlerhaube eines Autos nehmen. Sie spielte die Rolle der Hure – es erregte sie, wenn der Mann sie so nannte, und sie forderte ihn dazu auf –, aber sie nahm kein Geld, sondern den Triumph der erotischen Siegerin, die das Spiel bestimmte.

Ein jüngerer Bekannter, mit dem sie öfter auf Kunstausstellungen ging, hatte ihr von einer Phantasie erzählt, wortlos in ihr Haus zu kommen und sofort mit ihr zu verkehren. Damals hatte sie das erregt, und sie hatte ihm gesagt, sie würde mitspielen. Als er dann einige Wochen später anrief und sie einlud, zu ihm zu kommen, spürte sie nichts. Das schockierte sie sehr, denn ihr Selbstgefühl hing an dem Bild einer sehr erregbaren, jederzeit orgasmusfähigen Frau. Vielleicht würde die Erregung noch kommen? So ging sie, nackt unter dem Mantel, zu ihm. Der Verkehr war schrecklich, es tat nur weh, es war genauso wie die Vergewaltigung. Franziska fürchtete, ihren Zugang zur Erotik für immer zu verlieren, und suchte in einem Zustand mühsam kompensierter Verzweiflung Hilfe.

Wie oben beschrieben, wurde Franziska in kürzester Zeit nicht nur wieder empfindungsfähig, sondern sie fand sich in einem Zustand der dauernden Erregung, der multiplen Orgasmen, der intensiven Phantasietätigkeit, in der sie mit ihrem Therapeuten in dunklen Nischen öffentlicher Gebäude – einer Kirche, eines Museums – kopulierte oder aber in einem Café mit bis auf den Boden hängenden Tischdecken unter den Tisch kroch und ihn – sichtbar/unsichtbar – mit dem Mund befriedigte.

Dieser Ausschnitt aus der Behandlung einer sexuell traumatisierten Frau zeigt die schillernden Formen, welche die Reinszenierung des Traumas annehmen kann. Franziska spielt beide Rollen, die des Opfers und die des Täters. Die Verletzung hat zu etwas geführt, was wie eine Hypertrophie der Libido aussieht, aber als manische Abwehr verstanden werden muss. Franziska ist nicht in ihrem sexuellen Selbstgefühl tief verletzt und verunsichert, sie ist die siegreichste, potenteste, verführerischste Frau, die es zwischen Himmel und Hölle gibt.

Diese manische Abwehr gleicht dem Wurf eines flachen Steins auf eine Wasseroberfläche: Sobald der Stein das Wasser berührt und zu sinken droht, verhilft ihm der Schwung zu neuem Auftrieb, und er entfernt sich wieder vom Wasserspiegel. Einen kleinen Fluss mag ein solcher Stein überspringen und schließlich wieder auf festem Boden landen; wird er aber in die Weite geschleudert, ist bereits klar, dass er schließlich sinken muss.

Sexuell Traumatisierte wünschen sich sehnlichst, das Trauma mit jemandem zu reinszenieren, dem sie magische Kräfte zuschreiben können (wie das Verliebte tun), von dem sie sich erhoffen, er könne das Erlittene ungeschehen machen. Daher sind Vorgesetzte, Richter, Pfarrer, Ärzte und auch Therapeuten von Traumatisierten so begehrt, weil sie auf einen idealisierten Helfer hoffen, der die erotische Situation aus dem Bannkreis der Traumatisierung befreit und sie für ihren Weg durch die Hölle durch eine Himmelfahrt entschädigt. Die Verschmelzung mit einem idealisierten Partner stärkt bei Frauen wie bei Männern die manische Abwehr, welche das wichtigste Mittel gegen die Entwertung und Bedrückung durch das Trauma ist.

Carla hatte sich von der Mutter nicht verstanden gefühlt; den Vater bewunderte sie sehr, obwohl er cholerisch war, wenig Zeit für sie hatte und sie manchmal aus nichtigem Anlass schlug. Mit fünfzehn begann sie ein sexuelles Verhältnis mit einem verheirateten Freund der Eltern, einem begabten, schwer gestörten und alkoholabhängigen Mann, den ihre Mutter anscheinend bewunderte. Es gelang den beiden anfangs, ihre Beziehung zu verheimlichen, wohl auch, weil die Eltern nichts davon wissen wollten. In der Analyse erinnerte sich Carla an eine schwärmerische Beziehung zu dem Bischof, der ihr das Sakrament der Firmung gespendet hatte – jenes Erbe der archaischen Riten des Übergangs, mit denen der Schritt vom Kind zur Frau begleitet wird. Nachdem sie sich durch einen Umzug im Alter von 24 Jahren aus der traumatischen Liebschaft gelöst hatte, verliebte sie sich in einen katholischen Priester. In der Analyse erklärte sie sich – zehn Jahre jünger als der Analytiker – zur alten Frau, die jenseits aller sexuellen Interessen stehe. Es werde ihm ganz bestimmt nicht gelingen, sie zu einer Übertragungsliebe zu verführen, wie er das schon mit den tausendunddrei* Patientinnen vor ihr versucht habe.

Rückzug und Angriff

Die Traumatisierte zieht sich aus der Welt zurück, meidet alle Reize, die sie an ihre Verletzung erinnern, schränkt ihre Phantasietätigkeit ein. Das ist richtig. Richtig ist aber auch: Die Traumatisierte greift die Welt an, wagt Dinge, die andere meiden, wird magisch von dem angezogen, was sie verletzt hat, entwickelt ein Phantasieleben, das bunter ist als alles, was wir aus Durchschnittsbiographien kennen.

Beide Reaktionen wird jeder Forscher kennen, der länger mit Traumatisierten gearbeitet hat. Er wird immer nach Erklärungen für diesen Widerspruch suchen müssen. Auch die Unterscheidung Primo Levis in die Untergegangenen («som-

* Die Zahl bezog sich auf die Register-Arie in Mozarts «Don Giovanni»: «Aber in Spanien sind's tausendunddrei!» Das sind immerhin zwei mehr als Geschichten in 1001 Nacht.

mersi») und die Geretteten («salvati») greift dieses Problem auf. Die Untergegangenen verlieren alle Möglichkeiten, die traumatische Belastung zu kompensieren und zu verarbeiten; es sind gebrochene Menschen, die sich nicht erinnern können, auch wenn sie physisch überleben. Die Geretteten hingegen können das Trauma ausgleichen; sie vollbringen höhere Leistungen, arbeiten fleißiger, riskieren mehr als nicht so verletzte Menschen. Das heißt aber nicht, dass das Gespenst der Untergegangenen sie nicht dauernd verfolgt und sie fürchten müssen, in dem Augenblick mit ihm zu verschmelzen, in dem sie in ihrem Kampf gegen die traumatische Einschränkung nachlassen.

Diese Situation ist in Goethes Faust-Gestalt erfasst. Faust flieht vor der tiefen Kränkung seines Narzissmus, vor dem Erleben von Ohnmacht und Unwissenheit, in dem sich die gebrochene Sehnsucht nach den narzisstischen Phantasien von Allmacht und Allwissenheit verbirgt. Er schließt einen Pakt mit dem Teufel, der für Rückzug und Resignation steht, und einigt sich mit ihm darauf, dass er sich seiner Macht ausliefert, sobald er jemals in diesem rastlosen Streben nachlässt.

7 KREATIVITÄT UND HUMOR

… malt mit der gleichen Gelassenheit, nein, mit
dem gleichen ungeheueren Behagen das Packzeug
eines abgetriebenen Esels, den Prachtzug eines Emirs
und, von Gebärde zu Gebärde, schrankenlos,
die erotische Pantomime der Liebenden, die
nach tausend Abenteuern endlich ein erleuchtetes,
stark duftendes Gemach vereinigt.

Hugo von Hofmannsthal, Einleitung 1001 Nacht,
Insel-Ausgabe, S. 9

Der Blick zurück

In vielen Sagen wird bestraft, wer zurückblickt. Orpheus verliert auf diese Weise seine ihm vom Tod entrissene Frau Eurydike ein zweites Mal; Lots Weib erstarrt zu einer Salzsäule. Solche mythischen Figuren verraten die «normale» Richtung des menschlichen Blicks nach vorne, der Zukunft entgegen. Die Vergangenheit birgt Verluste, Ängste, Verletzungen, Gefahren. Wer sich ihr zuwendet, muss damit rechnen, von ihr verschlungen zu werden. «Ich blicke nur nach vorn», hören wir nicht selten von Menschen, die Schweres durchmachen.

Der Blick zurück wäre nicht von solchen Tabus belegt, wenn er keine Verführungskraft hätte. Das Glück, das Paradies werden im Heimweh gerade dem zugeschrieben, das verloren oder verlassen ist, wobei häufig genug dieser Verlust deshalb besonders schmerzlich anmutet, weil wir ihn uns selbst zugefügt haben.

Ideal, Illusion, Idealisierung

Vergangenheit und Zukunft haben eine Gemeinsamkeit, die sie von der Gegenwart unterscheidet: Sie sind nicht real da. Wir können, ohne dass uns jemand des Wahnsinns verdächtigt, Aspekte herausgreifen und damit gegenwärtige Wünsche und Ängste ausdrücken oder unterstreichen. Was vollkommener ist als die Realität, nennen wir ein Ideal. Ideale gehören zur Zukunft und zur Vergangenheit; in der Gegenwart wird vor allem ihr Mangel beklagt. «Früher hatten wir noch Ideale!» – «Wenn ich das nächste Haus baue, werde ich alles richtig machen!» Eng mit den psychischen Idealen verwandt sind Illusionen. Wir können die Illusion als wertlos gewordenes Ideal betrachten oder umgekehrt im Ideal eine Illusion sehen, deren unrealistische Qualitäten noch nicht erkannt sind.

In solchen Zuschreibungen drücken sich Motive menschlichen Denkens aus: Wir werden unliebsame Ideale anderer Personen Illusionen nennen und kostbare eigene Illusionen als Ideale verteidigen. Andere werden meinen Formulierungen entgegenhalten, sie seien zynisch und würden die Menschen ihrer Ideale berauben, deren sie dringend bedürften. Sinnvoller scheint mir der Einwand, dass ohne genaue Beschreibung der jeweils gemeinten Realität die Rede über Ideal und Illusion nichts gewinnt.

Wenn beispielsweise Sigmund Freud in seinem Text «Die Zukunft einer Illusion» die Ideale des Gottesglaubens als Illusionen untersucht, dann erreicht er nur jene Anhänger, die ihm in dieser Definition folgen können. Er wird aber niemanden überzeugen, der meint, eine jede psychologische Analyse übertreffende Einsicht bereits gefunden zu haben.

Vergangenheit und Zukunft wecken den menschlichen Glauben an Ideale. Mit einem realen Partner muss ich mich auseinander setzen und werde feststellen, dass er nicht all meine Träume erfüllt. Die Vergangenheit hingegen kann ich idealisieren – und ebenso die Zukunft. Sie verkörpern die Sehnsucht, dass alles gut sein könnte, in Sätzen wie «Es war einmal» und «Es könnte werden». Aus dem Paradies sind wir entweder vertrieben, oder es wartet im Jenseits.

Zu den Folgen der Traumatisierung gehört, dass Betroffene nicht mehr ihre Vergangenheit oder ihre Zukunft idealisieren können. In heftigeren Formen der Traumatisierung, die ich mit einer physiologischen Metapher «Zentralisationsphänomene» genannt habe,* gibt es keine Vergangenheit und keine Zukunft, wohl aber zielgerichtetes Handeln, um die elementaren Bedürfnisse (Essen, Trinken, Schlaf) zu befriedigen und drohenden Gefahren auszuweichen.

Einfühlung oder ethische Orientierungen hingegen sind weitgehend verschwunden, wobei Bindungen an die vertrauten Kameraden noch am längsten halten, aber doch so locker sind, dass dem gefallenen Freund ohne sichtbare Zeichen der Trauer die Zigaretten aus der Tasche gezogen werden und jeder Leichnam schnell zur Ressource für Lebensnotwendiges wird. Lässt der Druck der traumatischen Situation immer noch nicht nach, folgen apathische Zustände, wie sie bei den Häftlingen der Todeslager beschrieben wurden. Diese Menschen haben nicht nur die Erinnerung an die Vergangenheit verloren, sondern auch die Gedanken an die Zukunft, an das Überleben. Kreativität, Kunst, schlichter: Phantasietätigkeit haben sie verlassen.

Traumatische Erlebnisse verändern die Persönlichkeit. Aber wer nun versucht, diese Veränderungen auf das Trauma zu beziehen, begegnet vielen Überraschungen.

* W. Schmidbauer, «Ich wußte nie, was mit Vater ist!». Das Trauma des Krieges. Reinbek 1998.

Für eine historische Betrachtung oder eine psychiatrische Epidemiologie reichen Erkenntnisse aus, dass massive Belastungen Menschen dauerhaft beeinträchtigen. Aber bei der Arbeit am Einzelfall, in Psychotherapie und Familienforschung muss sich die Aufmerksamkeit auf die Wechselwirkung zwischen gesunden und beeinträchtigten Teilen der Persönlichkeit richten, wenn wir Individuen verstehen und behandeln wollen.

Dann entpuppt sich die Rede vom Trauma oder vom Posttraumatischen Stresssyndrom schnell als pauschale Kategorie, nur geeignet, sich vor der Öffentlichkeit zu legitimieren oder ein Gerichtsgutachten zu erstellen. Wer seinen Blick auf das Trauma einengt, gleicht einem Botaniker, der annimmt, etwas über das Wachstum von Bäumen herauszufinden, wenn er zählt, wie viele Axthiebe es braucht, sie zu fällen.

Seit sich die Menschen selbst beobachten, ist ihnen auch aufgefallen, dass sie Traumen verdrängen; umgekehrt haben sie Rituale entwickelt, sie zu erinnern. Eines davon ist die Beichte, in der Verstöße gegen das moralische Ideal erforscht und berichtet werden sollen. Ein anderes ist der Sündenbock, dem die Übel der Gemeinschaft aufgeladen werden, ehe er in die Wüste gebracht wird: Um zu wissen, womit ich ihn belade, muss ich ahnen, was mich selbst belastet. Nietzsche hat in seinem Aphorismus von Gedächtnis und Stolz* Freuds Formulierungen über die Verdrängung vorweggenommen; was er Stolz nennt, sind bei Freud die Instanzen der Zensur, Über-Ich und Ich-Ideal.

Diese Traditionen reagieren auf ein Dilemma der menschlichen Existenz: Das Trauma zu erinnern quält und beschämt das Bewusstsein. Es zu verdrängen macht das Erleben und Verhalten des Traumatisierten für ihn selbst und für seine Umwelt

* «‹Das habe ich getan›, sagt mein Gedächtnis. ‹Das kann ich nicht getan haben› – sagt mein Stolz und bleibt unerbittlich. Endlich – gibt das Gedächtnis nach.» F. Nietzsche, «Jenseits von Gut und Böse», Viertes Hauptstück 68.

zum Rätsel. Die Versuche, solche Situationen zu bewältigen, lassen sich in fordernde und gewährende Maßnahmen einteilen. Fordernd sind Beichte, Ritual, Ermahnung, Zurede, hypnotische Erinnerungsarbeit, Suggestion. Gewährend sind die künstlerische Darstellung und die Begleitung auf einem Weg der Selbsterforschung, dessen Richtung, Tempo und Tiefgang der Traumatisierte selbst bestimmen kann.

Idealisierungsbedürfnis und Traumatisierung

Das Trauma zerstört die Empfindung, Heimat zu haben, in der Welt geborgen zu sein. Als Ausgleich suchen traumatisierte Menschen mit besonderer Heftigkeit nach Surrogaten dieser Geborgenheit. Sie können nicht leben (oder glauben das zumindest), wenn sie nicht bewundern oder bewundert werden. Sie wollen unbedingt idealisieren, einen Spiegel finden, der ihnen versichert, dass sie die Schönsten, Größten, Besten sind. Wer ihnen das verweigert, weckt mörderische Wut.

Wir können ihr Selbstgefühl mit einer Ballon-Prothese vergleichen, die – ähnlich einem Wundverband – die verletzte Stelle im Selbstgefühl schützen soll. Weil die Verletzung als extrem schwer und bedrohlich phantasiert wird, muss die Prothese überoptimal sein. Normale Glieder sind unvollkommen, sie ermüden, sie schmerzen. Die Idealisierung, welche ein Trauma kompensiert, verlangt nach Vollkommenheit und ist deshalb so aufgebläht und angespannt, dass schon kleine Beschädigungen ausreichen, um sie zu zerstören: Durch den Vorsatz, der Kränkung auszuweichen, wird die Kränkung inszeniert. Daher gibt es eben auch keine kleinen Probleme, keine kleinen Lösungen, sondern nur Katastrophen, Kämpfe auf Leben und Tod.

Mildere Formen der Idealisierung finden sich in jeder Verliebtheit. Die sexuelle Traumatisierung führt dazu, dass ohne die Verliebtheit gar keine erotischen Empfindungen möglich sind; in noch schwereren Fällen löst die Verliebtheit direkt Angst aus, nicht anders als aufkeimende sexuelle Erregung. Solche Formen der Traumaabwehr führen dazu, dass alle sexuellen Beziehungen scheitern müssen, weil die Betroffenen überzeugt sind, all die vernünftigen Kriterien, die sie anlegen können, würden ihre Lust zerstören.

«Entweder es funkt, oder es ist nichts zu machen!» Solche Aussagen sind nur scheinbar hochemotional und leidenschaftlich. In Wahrheit drücken sie die hektische Suche nach einer betäubenden Idealisierung aus, in der alles, was überlegt und angemessen ist, verworfen werden muss. Nur das Überoptimale bietet den zusätzlichen Reiz, auf den nicht verzichtet werden darf, weil er die Selbstgefühlsschwäche auszugleichen verspricht. Wer so verletzt ist, kann nur unterwegs sein zum idealen Partner; er darf nicht ankommen und verweilen.

Bei der Behandlung Traumatisierter ist der pflegliche Umgang mit Idealisierungen sehr wichtig. Es ist ein therapeutischer Fehler, Idealisierungen zu entwerten, etwa dem Betroffenen zu vermitteln, er sei unfähig, die begrenzten Möglichkeiten der Behandlung realistisch zu beurteilen. Ebenso ist es falsch, Idealisierungen zu wecken oder zu verstärken, indem ein Therapeut sich beispielsweise als ein allen überlegener Heiler darstellt und andere Therapeuten oder Angehörige entwertet («Solange Sie bei diesem Mann/Job bleiben, verkaufen Sie sich unter Wert!»).

Die als Heranwachsende massivem sexuellem Missbrauch ausgesetzte Patientin hat sich endlich zu einer Analyse entschlossen. Sie erzählt das einer Freundin, die höchst verwundert reagiert. Sie sei doch so stark, sie habe sie immer wegen ihrer Kraft und ihrer Kühnheit bewundert, sie sei eine Frau, die jeden Mann haben könne, den sie wolle, die beruflich alles erreichen könne, was sie anstrebe – und da gehe sie in Therapie, das passe doch gar nicht zu ihr!

Um ihren Schritt der Freundin durchsichtiger zu machen, schenkt die Patientin dieser Freundin ein Buch, das ihr Analytiker verfasst hat. Die Freundin lädt nun eine ihr bekannte Therapeutin ein und fordert sie bei einem gemeinsamen Abendessen auf, etwas über den Autor zu sagen, der dieses Buch geschrieben hat, sie verstehe doch etwas von der Sache. Die Geladene äußert sich freimütig und recht kritisch über den Buchautor und Kollegen, ohne zu ahnen, dass unter den Gästen am Tisch eine seiner Analysandinnen sitzt. Schließlich erträgt die traumatisierte Patientin die Situation nicht mehr. Sie gibt sich als Patientin des Abgekanzelten zu erkennen und beginnt, diesen zu verteidigen. Sie habe ihn als seriös und achtsam kennen gelernt, nicht als jemanden, der lieber auf Kongresse fährt, als sich mit seinen Patienten zu befassen. Sie könne natürlich nicht viel zu den Qualitäten seiner Lehranalyse und des Instituts sagen, an dem er ausgebildet worden sei, aber anscheinend gebe es hier dieselbe Konkurrenz, die sie auch aus der Wirtschaft kenne.

Die geladene Therapeutin wird erst rot und dann bleich, als sie bemerkt, was sie getan hat. Sie entschuldigt sich und bittet die Patientin, das Gesagte sogleich zu vergessen, sie hätte niemals einen Ton von sich gegeben, wenn sie gewusst hätte, dass sie bei dem Kollegen aus dem anderen Institut in Therapie sei. Die Patientin bemerkt, Eifersucht auf Kollegen gebe es in jedem Beruf und in jeder Firma. Sie messe dem keine besondere Bedeutung bei, sie habe ein eigenes Urteil über ihren Therapeuten und lasse sich davon durch solchen Klatsch nicht abbringen.

Nachts kann sie nicht schlafen. Ihre Panik steigt. Ehe sie ihn erreichen kann, hat sie mit zitternder Stimme auf seinen

Anrufbeantworter gesprochen, sie wolle nur so viel sagen, dass sie ihn bitte, sie nicht zu verstoßen. Schließlich vereinbart sie unter vielen Entschuldigungen einen Termin schon vor der nächsten vereinbarten Sitzung. In einem Traum an dem Wochenende nach diesem Schaden an ihrer Idealisierung liegt sie nackt in einer Waschküche auf einem eiskalten Boden, während der Analytiker turmhoch aufragt und ihr verbietet, ihn zu berühren und sich etwas von seiner Wärme zu holen. Verstört kommt sie zur verabredeten Krisenintervention. «Ich weiß ganz genau, es ist dummes Gerede, es stimmt nicht, ich erlebe Sie ganz anders», sagt sie. «Warum nur bin ich so blöde und lasse mich von solchem Klatsch beeindrucken?»

An dieser Szene lässt sich studieren, wie das Idealisierungsbedürfnis die Entwertung in sich trägt, vergleichbar dem Yang-Keim im Ying des chinesischen Symbols für die Polaritäten des Lebens. Die Patientin hat bisher ihre Freundin bewogen, sie zu idealisieren. Den Widerspruch, dass sie jetzt Hilfe braucht, bekämpft sie durch das Buch ihres Analytikers als Symbol seiner hohen Qualität. Aber gerade dieses Buch macht den Analytiker angreifbar und weckt den pharisäischen Narzissmus der eingeladenen Kollegin: «Wir nichtschreibenden Analytiker kümmern uns wenigstens gründlich um unsere Patienten.» Die Mitteilung dieser in anderen Kontexten unschädlichen Verdächtigung stürzt die Patientin in einen Strudel von Angst- und Vernichtungsphantasien.

Im Gespräch ließ sich erkennen, dass die Analysandin unbewusst davon ausging, *sie* hätte ihm angetan, was *ihr* an Idealisierung durch die Entwertungen vonseiten seiner Kollegin verloren gegangen war. Sie projizierte ihren eigenen Impuls auf den Analytiker, sich sofort von ihm zu trennen, weil er nicht mächtig genug war, der Eifersucht seiner Kollegin zu begegnen und – wie Zeus die Eidbrüchigen mit einem Blitz trifft – sofort seine Ehre zu retten. Sie verlor das idealisierte Bild des

Analytikers im eigenen Inneren. Dieser dramatische Verlust wollte ihrer bewussten Absicht nicht weichen, die Situation zu bagatellisieren. Traumaspezifisch ist ferner, dass das Ende der Idealisierung den Therapeuten nicht als normalen Menschen erscheinen lässt, der Fehler hat wie wir alle. Der Idealisierte ist nicht aus dem übermenschlichen Zustand in einen menschlichen zurückgeführt worden, sondern entpuppt sich, wenn er denn schon kein Engel ist, als Teufel. In dem Traum umgeben ihn Kälte und eine grausame Lust, die enttäuschte Patientin zu verstoßen. Man kann darin einen Wunsch erkennen – wenn der Analytiker mich verstößt, bin ich ihn los, ohne mich aktiv trennen zu müssen. Stärker aber ist wohl die Angst, dass der Analytiker sich für den Wertverlust rächt und vollzieht, was die Patientin befürchtet, aber mit ihrem vernünftigen Ich nicht tun möchte.

Diese Szene zeigt auch, wie problematisch Versuche werden können, unsichere Idealisierungen durch Aktionen zu festigen. Die Patientin ist an dem Geschehen beteiligt. Sie will ihrer Freundin den Widerspruch nehmen, den diese zwischen der Idealisierung als «starke Frau, die jeden Mann haben kann», und ihrem Entschluss aufgebaut hat, eine Therapie aufzusuchen. Sie will der zweifelnden Freundin beweisen, dass sie keine normale Therapie macht, sondern eine ganz besondere bei einem ganz besonderen Therapeuten. Damit weckt sie den Ehrgeiz der Freundin, auch ihre Sicht der Dinge durch eine Gegenaktion zu bekräftigen. «Hätte ich der doch nichts erzählt, hätte ich der doch nicht das Buch gegeben!»

Die therapeutische Situation ist nach solchen Erschütterungen wiederhergestellt, wenn es gelingt, die Ansprüche an eine ideale Situation liebevoll zu neutralisieren, um eine mittlere Position zwischen Perfektion und Entwertung aufzufinden. Einer der wichtigsten Helfer dazu ist der Humor.

Hören wir die «Zauberflöte». Ein Priester Sarastros, Vorsteher der Aufnahmekommission, sagt zu Papageno, der den gefährlichen Ritualen im Prüfungstempel aus dem Weg gehen möchte:

«Dann wirst du das himmlische Vergnügen der Eingeweihten nie schauen!»

Papageno dagegen: «Je nun, es gibt doch noch mehr Leute meinesgleichen!»

Wenn ein Kind misshandelt oder verwöhnt wurde, wenn es einen Umgang ohne Einfühlung und Grenze für «normal» hält, dann kann es weder eigene Impulse angemessen steuern noch sich rechtzeitig von Personen abgrenzen und trennen, die es schlecht behandeln. Das führt dann dazu, dass es in heftige Retraumatisierungen und zerstörerische Beziehungen gerät.

Es ist keine Magie dabei, wenn sich narzisstisch gestörte und traumatisierte Menschen anziehen und bevorzugt aneinander binden. Personen, die um ihre Grenzen wissen, die Respekt anbieten und Respekt fordern, trennen sich rechtzeitig von Partnern, die grenzüberschreitend und respektlos mit ihnen umgehen und sie auf diese Weise verletzen. Wer aber solche Haltungen nicht aufbauen und in sich festigen konnte, ist sich nie sicher, ob Wutausbrüche, Entwertungen und Drohungen nicht von ihm verschuldet sind. Er wird sich eher von den destruktiven Seiten des Partners anstecken lassen, als sich von ihm zu befreien.

8 DAS TRAUMA VERSTEHEN UND NICHT WIEDERHOLEN

Ich war mit jener Blindheit bei sehenden Augen geschlagen, die man an Müttern gegen ihre Töchter, an Männern gegen ihre Ehefrauen, an Herrschern gegen ihre Günstlinge so sehr bewundert.

S. Freud, Studien über Hysterie, GW I, S. 175

Wenn Menschen, die ausgebildet sind, anderen zu helfen, sie zu verstehen oder sie zu belehren, plötzlich Drohungen aussprechen, Eier werfen oder handgreiflich werden, dann verdient das Aufmerksamkeit. Verblüfft nehmen wir zur Kenntnis, dass es anscheinend besonders schwer ist, über traumatische Erlebnisse so zu sprechen, wie wir es unter zivilisierten Erwachsenen erwarten.

Ein Beispiel war jener Parteitag der Grünen, wo anlässlich einer Debatte, wie der Friede im Kosovo am besten hergestellt werden könnte – ein Ziel, das allen Diskutanten am Herzen lag –, Farbbeutel und Stinkbomben flogen. Ein älteres Beispiel ist die Prügelei, durch die eine pädagogisch hochengagierte Soziologin (Katharina Rutschky) auf einem sozialpädagogischen Kongress in Berlin gehindert wurde, ihre Position zu vertreten, die ebenso wie die ihrer Gegnerinnen dem Wohl von Kindern verpflichtet war, aber Vorurteile und Ideologiebildungen in den Debatten über den sexuellen Missbrauch kritisch aufgegriffen hatte. Schon länger bekannt sind handgreifliche Auseinandersetzungen bis hin zum Mord, um Frauen vor Abtreibungsärzten zu «schützen». Als der Politologe Daniel Goldhagen seine Thesen zum mörderischen

Antisemitismus der Deutschen publizierte, war der Ton der Debatte zwischen engagierten Antifaschisten über die Gültigkeit solcher Aussagen eindeutig verletzend. Wenn islamische Fundamentalisten Übersetzer und Verleger eines missliebigen Buches bedrohen, wundert uns das nicht; schließlich ist das Todesurteil gegen den Autor selbst ein Beweis dafür, wie brüchig zivilisierte Umgangsformen auch in Zeiten des Internets sind. Aber dass ein australischer Philosoph jüdischer Abstammung (Peter Singer), der die Diskussion über menschenwürdiges Leben und Sterben weiterführen möchte, durch Gewaltandrohungen an Kongressauftritten gehindert wird und ein Verlag sein fertiges Buch wegen entsprechender Drohungen wieder vom Markt nimmt, das ist vor wenigen Jahren in Mitteleuropa geschehen.

Solche Rückschritte in Debatten sind uns vertraut. Es gab eine Zeit, in der man hingerichtet wurde, wenn man behauptete, dass sich die Erde um die Sonne dreht oder die Dreifaltigkeit Gottes nicht beweisen lässt. Aber im Abendland war es ein Ideal der Gebildeten, höflich zu streiten und Gewaltausübung den damit beauftragten staatlichen Einrichtungen – Polizei, Justiz, Militär – zu überlassen.

Solche Regressionen in latente, gelegentlich sogar offene Gewalt begleiten Diskussionen über das Ausmaß und die Folgen von Traumatisierungen besonders oft und besonders intensiv. Gibt es Gründe, auch angesichts der Suche nach einem besseren Verständnis der seelischen Traumatisierung den wissenschaftlichen Gegner mit einem sonst nicht angewendeten Maß an Gewalttätigkeit zu behandeln? Mir scheint, dass eine wesentliche Ursache hier in unseren begrenzten Möglichkeiten liegt, Kontakt zum Erleben anderer Personen zu gewinnen. Unser Zugang ist vor allem die (Probe-)Identifizierung. Das gilt für den Alltag wie für die Arbeit der professionellen Berater. Ich versuche mich in die andere Person «zu versetzen» und zapfe dadurch einen Speicher an Vorerfahrungen an, der bei professioneller Arbeit größer sein mag als bei einem Laien, aber in jedem Fall auch Grenzen hat. Diese Grenzen hängen mit der eigenen Lebenserfahrung, mit Lektüre, Bildung, Phantasietätigkeit zusammen. Die Alltagsaussage «Das kann ich verstehen» ist ebenso wie ihr Gegenstück «Das ist unverständlich» immer ein vorläufiger Entwurf – wissenschaftlich gesagt: eine Hypothese –, dessen Gültigkeit sich im weiteren Verlauf bewährt oder auch nicht. Verliebte glauben, sich «völlig» zu verstehen; Ehepartner in Scheidung «verstehen sich überhaupt nicht mehr»; einst Verliebte/einst Geschiedene und jetzt Befreundete können vielleicht irgendwann einen Konsens finden, was sie voneinander verstanden und nicht verstanden haben.

Das heißt, die Leidenschaft, mit der sie ihre Illusionen des Verstehens vertreten haben, ist verschwunden; damit ist die Chance gewachsen, sich auf eine gemeinsame Realität zu einigen.

Wenn zum Beispiel in einer Psychoanalyse die Übertragungsneurose analysiert ist, wird nicht einfach eine Illusion (die der Übertragung) durch eine andere (die der analysierten Übertragung) ersetzt. Es handelt sich um einen Erkenntnisprozess, ein Fortschreiten auf dem Weg zu mehr Einsicht. Sein Ergebnis ist, dass sich jetzt zwei Personen darauf einigen können, was «zwischen ihnen (gewesen) ist», und nicht mehr jeder für sich zu wissen behauptet, was die Beziehung ausmacht.

Diese interaktionelle Wahrheit wird durch wechselseitige, aufeinander abgestimmte Identifizierungen aufgebaut, in denen die psychische Realität des jeweils anderen deutlicher, konkreter, vorhersagbarer wird. Wo Wissen unsere Möglichkeiten verbessert, mit der Realität umzugehen, ihre Entwicklungen vorauszusehen, lässt sich ein Erkenntnisgewinn nicht abstreiten.

Spiegelphänomene

Im Folgenden sollen Grenzen der Einfühlung untersucht werden, die durch eine Konfrontation mit traumatischen Erfahrungen entstehen. An unterschiedlichen Beispielen will ich demonstrieren, dass solche Erschwernisse der Empathie dazu führen können, dass der professionelle Umgang mit Traumatisierten belastet ist und Spiegelphänomene auftreten.* Das erste Beispiel betrifft die Auseinandersetzung um Traumatisierungen von Kindern; hier spiegelt sich das Trauma in einer hochgradig verletzenden, alle vertrauten Regeln wissenschaftlicher Debatte sprengenden Polemik, die ich vor allem in den Auseinandersetzungen über die «Rückführungstherapie» untersuche. Das zweite Beispiel beschäftigt sich mit dem Spiegelphänomen im Umgang mit sexuellen Grenzverletzungen in der Psychotherapie.

Die traumatische Qualität eines Erlebnisses liegt vor allem darin, dass es nicht möglich scheint, sich im Rahmen der alltäglichen Empathie in die entsprechende Szene zu versetzen. Die von der Einfühlung in ein Trauma bedrohten Ichgrenzen werden durch verstärkte Abwehr gesichert. Typische Abwehrformen sind:

1. Bagatellisierung des Traumas. Es ist harmlos, jeder Mensch wird damit fertig, man darf sich nicht gehen lassen, es ist ja vorbei, anderen geht es noch viel schlechter, sei froh, dass du davongekommen bist, reden wir nicht davon. Vielleicht war alles nur Phantasie. Das Trauma wird verdrängt, verleugnet; wer diese Verdrängung infrage stellt, wird entweder als überempfindlich oder als jemand abgewertet, der aus einer Opferrolle ungerechtfertigte Vorteile ziehen will.

* P. Kutter, Das direkte und indirekte Spiegelphänomen, in: Pühl, H. (Hg.), Handbuch der Supervision. Berlin (Marhol) 1990, S. 291–302.

2. Dämonisierung oder Idealisierung des Traumas. Es ist unüberwindlich, der Ich-Kern ist zerstört, die Seele gemordet, man wird nie wieder «normal» sein können, seelische Funktionen sind für immer verloren. Wer zwischen Erinnerungen und Tatsachen unterscheiden will, bagatellisiert, beschönigt, verletzt die Opfer erneut. Wer dem Traumatisierten nicht blindlings glaubt, ist nicht besser als der Täter, der das Trauma verschuldet hat.

Das erste Beispiel einer Spiegelung dieser Abwehrformen ist die Diskussion über «falsche Erinnerungen». Seit den siebziger Jahren gibt es eine soziale Bewegung, welche die Traumatisierung von Frauen durch Männer akzentuiert. In diesem Zusammenhang wurde auch der Missbrauch von Kindern – vor allem Mädchen – durch Erwachsene – vor allem Männer – betont.

In den USA ist eine Art therapeutische Sekte entstanden, in der durch «Rückführung» Kindheitstraumen bis zur Zwangsteilnahme an einem Satanskult entdeckt und Eltern zu Sündenböcken gemacht werden. Andererseits haben sich auch die Angeschuldigten organisiert und dämonisieren ihrerseits jede Form von vergangenheitsbezogener Psychotherapie als Produktion von Monstern, Erinnerungsverfälschung und Verleumdung.* Ein Konflikt zwischen «realem» und «phantasiertem» Inzest, der sich seinerzeit allein in Freuds Forscher-Ich abspielte, spiegelt sich in dieser Polemik vergröbert und verschärft. Ein Fall, den Lawrence Wright dokumentiert hat, zeigt die Problematik suggestiv «gefundener» Erinnerungen. Es geht um die Geschichte von Paul Ingram, einem Polizisten in Olympia im Staat Washington. Die Ingrams galten als

* Loftus, E., Ketcham, K., The Myth of Repressed Memory: False Memories and Allegations of Sexual Abuse. New York (St. Martin's) 1994. Vgl. auch Frederick Crews, The New York Review of Books 19/1994, S. 54 f. Crews nennt eine Schätzung von einer Million von auf diese Weise «überzeugten» Inzestopfern in den USA seit dem Jahr 1988 «a conservative guess».

mustergültiges Ehepaar; Pauls Frau Sandy arbeitete als Tagesmutter. Beide gehörten einer fundamentalistischen Sekte an, der «Kirche des lebenden Wassers», in der persönliche Offenbarungen kultiviert wurden.

Im August 1988 nahmen die beiden Töchter der Ingrams an einer örtlichen Veranstaltung dieser Kirche teil, auf der einige ihrer Altersgenossinnen von sexuellem Missbrauch berichteten. Jetzt schuldigte auch eine der Töchter ihren Vater an; die Polizei bekam Wind davon und verhörte Paul Ingram. Obwohl sich dieser an nichts erinnerte, bekannte er sich in Polizeiverhören schuldig, seine beiden Töchter und einen seiner Söhne unzählige Male vergewaltigt zu haben. Selbst als sich die Anklagen der ersten und später auch der zweiten Tochter ins Groteske steigerten, bemühte sich Paul Ingram mitzuhalten. In Hypnose «erinnerte» er sich, die Mädchen an ganze Pokerrunden verkuppelt zu haben, sie und seine Frau grausam misshandelt und zum Geschlechtsverkehr mit Hunden und Ziegen gezwungen zu haben. Schließlich gestand er auch noch, er habe einen Satanskult organisiert und unzählige Säuglinge in kannibalischen Riten gemordet. Keinem der an den Geständnissen der Mädchen und des Vaters beteiligten Experten fiel auf, wie sehr all diese Geschichten triviale Phantasien über eine verteufelte Sexualität ausdrückten. Der Sozialpsychologe Richard Ofshe, der Paul Ingram später verhören konnte, stellte fest, wie leicht es war, ihn dazu zu bringen, sich an eine von Ofshe vorgegebene, nachweislich erfundene Szene zu «erinnern».* Erstaunlich ist, wie alles Wissen über Suggestibilität und erotische Phantasie im Jahr 1988 aus dem Bewusstsein von Akademikern verschwinden kann, während Polizeibeamte ernstlich nachgrübeln, ob sie – ohne davon zu wissen – an einem Satanskult teilgenommen haben. Denn

* Lawrence Wright, Remembering Satan. New York (Knopf) 1994.

eine von Ingrams Töchtern klagte auch die Kollegen – zum Teil die Männer, welche ihren Vater «überführt» hatten – der Reihenvergewaltigung an.

Mein nächstes Beispiel betrifft die Psychotherapie, genauer: die Auseinandersetzung mit Abstinenzverletzungen, deren am meisten diskutierte Variante die Aufnahme einer sexuellen Beziehung zwischen Therapeut und Patientin ist. Jüngst hat hier Martin Ehlert-Balzer die These vertreten, dass jede Abweichung von der Abstinenz die Professionalität eines Therapeuten irreversibel und irreparabel beschädigt.*

Folgerichtig fordert er (und gibt das als «männliche Perspektive» aus), dass der einzig mögliche Schluss aus einer sexuellen Abstinenzverletzung der ist, den überführten Therapeuten künftig an der weiteren Ausübung seines Berufes zu hindern – ähnlich einem erblindeten Chirurgen, der mit Gewalt daran gehindert werden müsse zu operieren. Wenn sich Therapeut und Patientin ineinander verlieben und heiraten, muss nach dieser Ansicht der Therapeut ebenfalls seinen Beruf aufgeben; er soll geächtet werden, «durchaus in einem mittelalterlichen Sinn, wenngleich nicht bluttriefend».**

Ehlert-Balzer zeigt die Dynamik der erregten Aufklärung.*** In dieser Erregung opfert ein Therapeut, der an die Möglichkeit seelischer Entwicklung, an die Chance, dass Menschen aus Fehlern lernen können, von Berufs wegen glauben müsste, eine der zentralen professionellen Überzeugungen, um jede Einfühlung in die schwarzen Schafe des eigenen Standes abzuwehren.

* Ehlert-Balzer, M., Sexuelle Grenzverletzungen im psychotherapeutischen Raum, in: Organisationsberatung, Supervision. Clinical Management 5, S. 85–91, 1998.

** Ehlert-Balzer, a. a. O., S. 90.

*** «Erregte Aufklärung» hat K. Rutschky in ihrem Buchtitel angesichts der Debatte um den Kindesmissbrauch diagnostiziert.

Wo ist das für jeden Therapeuten unverzichtbare Vertrauen in die Entwicklungsfähigkeit von Personen geblieben? Weshalb müssen Therapeuten angesichts von ihresgleichen eine Zuversicht aufgeben, die sie in ihren Klienten aufbauen: die Hoffnung auf Besserung, auf Veränderung?

Die eiserne Sicherheit des Autors, eine verlorene analytische Haltung sei niemals wiederherstellbar, spiegelt die Traumatisierung – die Phantasie, dass ein Opfer, wie es Jean Améry* nach seinem Folter-Erlebnis sagt, nicht mehr heimisch werden kann in der Welt. Wer nach einem theokratisch-absoluten Verständnis von Moral und Männlichkeit greift, rettet eine bedrohte Idealisierung der psychoanalytischen Haltung, indem er ebendiese opfert. Er spricht als empörter Mann, als zorniger Rächer, nicht mehr als Psychoanalytiker, der gelernt hat, dass Normalität aus einem prekären Gleichgewicht zwischen dem Unbewussten und dem Ich entsteht und der Übergang zwischen Störung und Normalität auch bei professionellen Helfern fließend und wandelbar ist.

Wir wissen seit langem, dass die Strenge einer Strafe kein taugliches Mittel ist, um unerwünschtes Verhalten einzudämmen. Dennoch wird oft auch von denen, die es besser wissen, dieser Weg beschritten. Die Drohung schränkt die Macht des Verbrechers über unsere Phantasie ein; die reale Gefährdung durch ihn verändert eine Strafandrohung nicht. Sie vertieft den Graben und erhöht die Mauer, welche das verpönte Verhalten von uns trennen.

* Jean Améry tötete sich 1978, weil er weder die Deportation nach Auschwitz noch die ihr vorangehende Folter durch die Gestapo in Belgien vergessen konnte: «Wer gefoltert wurde, bleibt gefoltert … Wer der Folter erlag, kann nicht mehr heimisch werden in der Welt. Die Schmach der Vernichtung läßt sich nicht austilgen. Das zum Teil schon mit dem ersten Schlag, in vollem Umfang aber schließlich in der Tortur eingestürzte Weltvertrauen wird nicht wiedergewonnen.» Zit. n. P. Levi, Ist das ein Mensch? Die Atempause. München (Hanser) 1989, S. 6.

Einem ernsthaften Therapeuten ist klar, dass er dort nicht arbeiten kann, wo unsublimierte sexuelle Befriedigung stattfindet. Ihm muss das nicht gesagt werden; wer aber nicht ernsthaft arbeitet, den wird auch das ethische Prinzip wenig berühren. Die Wortgebirge mancher Grundsatzerklärungen fallen in einen Stand der Moralphilosophie zurück, den Schopenhauer und Nietzsche schon überwunden hatten. Sie reflektieren nicht einmal die ironische Thematik der Predigt gegen den Unglauben, welche nur die Frommen hören.

Die Spannungen und Verwerfungen in den helfenden Berufen angesichts des Umgangs mit Gewalt, Missbrauch und Trauma bilden gewissermaßen im Miniaturformat eine große zeitgeschichtliche Debatte ab, die sich mit der Frage der «Historisierung» von Gräueltaten beschäftigt. Dürfen wir beispielsweise Täter, welche die Juden in Europa ihrer Heimat, ihrer Habe beraubt und Millionen von ihnen auf grausamste Weise ermordet haben, als politische Akteure neben anderen Akteuren historisch beschreiben?

Solange noch einer dieser Mörder lebt und sich in einer solchen Beschreibung gerechtfertigt sehen könnte, solange die Nachkommen der Opfer den Mord nicht vergessen können, scheint das unrecht. Der Mörder verdient Strafe, kein Verständnis.

Verständnis würde uns das Schreckliche zu nahe bringen, uns mit ihm vermischen. Es scheint nicht möglich zu verstehen, ohne einen Anschein von Entschuldigung oder gar Komplizenschaft zu wecken.

Wo das Trauma in uns eine Resonanz erzeugt, wünschen wir uns vor allem Sicherheit. Je heftiger die Resonanz, desto bedingungsloser ist dieses Streben. Diese Sicherheit gewinnen wir durch eine Grenze, einen Verzicht auf Nähe und Identifizierung, wie wir sie einsetzen, wenn wir einen Menschen verstehen wollen.

Um zu unserem Märchen zurückzukehren: Der grausame König, der jede Frau nach der Hochzeitsnacht köpfen lässt, sucht auf diese Weise jede Nähe, jedes Verständnis und jede Zärtlichkeit aus seinem Herzen zu reißen. Er kann das eigene Trauma nicht vergessen, weil er es ständig anderen zufügen muss, um vor ihm sicher zu sein.

Es liegt nahe, eine Geschichte zu entwickeln, in der endlich eine Frau selbst das Schwert erhebt und dem vom Liebesakt erschöpften Mann antut, was er ihr antun würde. Es wäre Notwehr, ein frauenpatriotischer Akt, eine Tat, für die Judith in der Bibel gepriesen wurde. Aber das Märchen sucht einen anderen Weg, der uns direkt in das Geheimnis der Geschichte selbst zu führen scheint, die zärtlich und vielfältig die Waffe durch Weisheit, die Rache durch Verzeihen und den Erinnerungszwang durch die Freiheit der Erzählung ersetzt.

9 DIE PHASEN DER TRAUMATHERAPIE

«... und ich habe dich nun tausendundeine Nacht hindurch unterhalten mit Geschichten aus der Vergangenheit und lehrreichen Beispielen aus früherer Zeit. Darf ich jetzt an deine Majestät einen Wunsch richten und mir von dir eine Gnade erbitten?»

1001 Nacht, Insel-Ausgabe, Bd. 6, S. 644

Eine praxisnahe Einteilung gliedert die Traumatherapie in drei Phasen; jede von ihnen birgt ihre spezifischen Gefahren. Ich will hier vor allem die kritischen Punkte untersuchen. Technische Einzelheiten oder diagnostische Verästelungen werden nicht verfolgt. Die drei Phasen sind:

1. Die Herstellung von Sicherheit für den Traumatisierten.
2. Die Rekonstruktion des Traumas.
3. Der Gewinn einer (relativ) «normalen» Lebensperspektive.

Alle drei Phasen haben ihre spezifischen Belastungen und Risiken. Das Risiko in der ersten Phase sehe ich in einer erneuten Traumatisierung, weil die mit dem Opfer befassten Helfer dessen Zustand nicht ertragen können; ich werde hier auf die Dynamik des «Rothschild-Syndroms» zu sprechen kommen.

Die zweite Phase, die Rekonstruktion des Traumas, wird dann unmöglich, wenn es nicht gelingt, einen Prozess der Trauerarbeit und der Einordnung zuzulassen – beispielsweise weil das Opfer selbst oder Personen in seiner Umgebung Gründe haben, an primitiven narzisstischen Befriedigungen (wie Rache, Ausbeutung) festzuhalten, und/oder eine Identifizierung mit dem Täter nicht aufgeben können.

Die «normale» Lebensperspektive kann gewonnen werden, wenn es gelingt, die primitiven Idealisierungen und Perfektionsvorstellungen zu bändigen, welche im Umfeld des Traumas entstanden sind. Sie setzt aber auch günstige äußere Umstände voraus.

In jedem Stadium der Traumatherapie können Übereifer, Ehrgeiz und Inkompetenz der Therapeuten die Behandlung selbst zu einer verletzenden Erfahrung machen. Durch das Trauma werden sozusagen «böse» innere Objekte* geweckt: Alle belastenden und negativen Identifizierungen mit früheren Angreifern werden gestärkt, wie im antiken Mythos im Hades die Schatten der Toten durch das Opferblut Kontur und Sprache gewinnen. Wenn «Nachsorge» einfühlungsarm und ohne wirklichen Kontakt mit den Betroffenen stattfindet, kann sie mehr schaden als nützen.

Traumatherapie ist Mode, bei großen Katastrophen stehen die Traumatherapeuten der verschiedenen Hilfsorganisationen Schlange, um endlich Kontakt zu einem der Opfer zu gewinnen. Polizei und Feuerwehr beschäftigen Psychologen für solche Aufgaben. Das ist durchaus problematisch. Implizit wird so den erfahrenen Kameraden nahe gelegt, solche Aufgaben den Professionellen zu überlassen. Das beraubt die Führung der Einsatzgruppen emotionaler Funktionen, welche keine Therapie ersetzen kann.**

* W. R. D. Fairbairn, Psychoanalytic Studies of the Personality. London (Routledge) 1976.

** Hinrich Jansen-Dittmar hat solche Gesichtspunkte in seinen Überlegungen zur Vor- und Nachsorge bei Notfalleinsätzen der Feuerwehr untersucht und auf die problematische Überzeugung hingewiesen, dass es die professionelle Nachsorge durch Spezialisten «schon richten» wird. Solche Funktionen müssen Teil der «normalen» Führungsstruktur sein, sonst wird diese geschwächt und die Nachsorge ideologisiert. H. Jansen-Dittmar, Vortrag

Auf der anderen Seite haben die *soft skills* der Therapeuten in Polizeiarbeit und Rettungsdienst zunächst wenig Ansehen. Die Helfer müssen darum kämpfen, überhaupt gefragt und einbezogen zu werden. Das kann ihre Fähigkeiten erheblich beeinträchtigen, den Traumatisierten Sicherheit zu bieten – falls beispielsweise ein Mitarbeiter im Dienst auffällt, von seinem Vorgesetzten in eine Therapie kommandiert wird, die er innerlich ablehnt. Nun gerät der Therapeut unter Druck, seine Methode, die auf Einverständnis beruht, einem Klienten aufzuzwingen.

Auf einer Tagung von deutschen und israelischen Psychotherapeuten, die abwechselnd in je einem der beiden Länder stattfindet, klagt ein deutscher Teilnehmer auf dem in Deutschland organisierten Treffen darüber, dass so wenige Teilnehmer aus Israel gekommen sind. Sogleich entgegnet ein Therapeut aus Israel, wenn die Deutschen nicht so viele Juden umgebracht hätten, wären gewiss mehr Israelis erschienen.

Mir ist diese Anekdote empört als Hinweis darauf erzählt worden, wie schwierig es doch sei, mit jüdischen Kollegen umzugehen. Ich sagte darauf: Auch die Klage über die geringe Teilnehmerzahl aus Israel sei doch eine Provokation gewesen. Statt sich über die wenigen Gäste zu freuen, die tatsächlich erschienen seien und ihre Vorbehalte gegen das Land der Mörder ihrer Verwandten zurückgestellt hätten, würde ihnen vorgehalten, sie hätten das Interesse an dieser Veranstaltung in ihrer Heimat nicht genügend gestärkt. Einem verletzten, in seiner Struktur erschütterten, von Angst und Albträumen gequälten Menschen muss der Mitmensch erst einmal Sicherheit geben, dass ihm nichts geschieht. Das heißt, dass ihm alles gesagt und getan werden sollte, was sein Selbstvertrauen festigt und sei-

auf der Tagung «Psychoanalyse der Institution», Darmstadt, 17.11.2001. Dittmar hat ein eigenes Nachsorgekonzept entwickelt: LUF – «Lebensweltliche Unterstützung zur Stressbewältigung bei gravierenden Feuerwehreinsätzen».

ne Überzeugung stärkt, er werde so angenommen, wie er ist. Das kann an sich jeder einfühlende Mitmensch. Therapeuten können es sogar schlechter, wenn sie beweisen müssen, dass sie etwas Besonderes sind.

Ein in Selbsterfahrung geschulter und klinisch erfahrener Helfer ist vielleicht weniger leicht zu schockieren als der emotional engagierte Samariter. Er sollte auch die Aggression im Griff haben, die zusammen mit Mitleid entsteht.

Mitleid und Aggression

Der Traumatisierte ist uns fremd. Jeder Fremde weckt in uns verschiedene Gefühle; Aggression ist darunter wohl das problematischste und daher auch für unser Zusammenleben wichtigste. Sie wird im so genannten zivilisierten Zusammenleben durch ethische Grundsätze gezügelt oder durch andere Gefühle – Neugier, Interesse, Sympathie, Liebe – neutralisiert. Im Verborgenen bleibt sie aber bestehen. Das sollte uns veranlassen, wachsam zu bleiben.

Im Gegensatz zu den Ansätzen der von Konrad Lorenz begründeten Humanethologie, welche die aggressive Urströmung unseres Sozialverhaltens zu einem genetisch bedingten Affekt erklären will, ist die psychoanalytische Tradition von einem Modell der Ergänzungsreihe bestimmt. Demnach fehlen uns ererbte Verhaltensmuster, die sich ohne in sie eingreifende Umwelteinflüsse entfalten. Diese Umwelteinflüsse zu bagatellisieren ist ein in reaktionären Kreisen willkommenes Mittel, die Verantwortung gesellschaftlicher Faktoren zu leugnen. Fremdenhass wird nicht als sozialpsychologisches Phänomen begriffen, sondern als Naturerscheinung biologisiert.

Im Herbst 1991 buchte eine Familie mit zwei kleinen Kindern einen Urlaub in der Türkei. Während einer Woche dieses

Aufenthalts mussten Eltern und Kinder – zwei und ein halbes Jahr alt – mit zehn Schwerbehinderten, die zum Teil auf Rollstühle angewiesen waren, den Speisesaal teilen.

«Die meisten (Behinderten) konnten das Essen nicht in normaler Weise zu sich nehmen, es lief ihnen aus dem Mund in umgebundene Lätzchen. Sie wurden gefüttert, unter anderem auch mit einem spritzenähnlichen Instrument. Der Anblick war ekelerregend und beeinträchtigte das Wohlbefinden der Kläger und ihrer Kinder.» Die beiden letzten Sätze stammen aus dem «Flensburger Urteil», das dem Kläger – der Familie mit den beiden Kindern – insofern Recht gibt, als der beklagte Reiseveranstalter zehn Prozent der Reisekosten ersetzen muss.

«Entgegen der Ansicht der Beklagten wird die Menschenwürde der den Anlaß zur Minderung gebenden Behinderten durch die Zubilligung von Gewährleistungsansprüchen nicht verletzt. Es findet auch keine Ausgrenzung statt. Die Behinderten sind weder unmittelbar noch mittelbar von diesem Verfahren betroffen. Es geht nicht um ihre Rechte, sondern nur um die Frage, wer von den Parteien das Risiko dieser unter Umständen unvermeidlichen Beeinträchtigung des Reiseerfolgs der Kläger zu tragen hat. Eine Abweisung der Klage würde die unangenehme Begegnung mit den Behinderten nicht ungeschehen, sondern lediglich die Kläger allein durch sie belastet lassen.»

In diesem Flensburger Urteil (das eine Entscheidung des Landgerichts Frankfurt vom 25. Februar 1980 ausdrücklich als Präzedenzfall anführt) wird in einer merkwürdigen Einseitigkeit psychologisch argumentiert. Die Richter sehen sich ohne weiteres in der Lage, sich in die «Normalfamilie» und auch in die beiden kleinen Kinder einzufühlen. Die Behinderten hingegen werden formalistisch behandelt: Da sie nicht zahlen müssen, geht sie das Ganze nichts an.

Welche emotionalen Folgen es für einen Gelähmten hat,

wenn sein Ungeschick von der Instanz, die Recht spricht, als «unangenehme Begegnung» und als «ekelerregend» beschrieben wird, scheint die Richter nicht zu beschäftigen. Dass dieses Urteil Ausgrenzung ist, wird sogar ausdrücklich verneint. Die Verwandlung von Mitleid in (latente) Aggression ist in der Diktion des Gerichtsurteils greifbar. Behinderte verleiden die «unbelastete Erholung», den «unbeschwerten Genuss», «beeinträchtigen das Wohlbefinden» durch «ekelerregenden Anblick».

Das Rothschild-Phänomen

Zum Baron Rothschild kommt ein armer Schnorrer. Triefäugig und abgerissen erzählt er eine schreckliche Leidensgeschichte. Der Reiche hört ihm zu, Mitleid und Rührung drücken sich in seinem Gesicht aus, wie der Bettler mit heimlichen Seitenblicken feststellt. Mit Tränen in den Augen klingelt der Baron schließlich nach dem Diener. Der Arme hofft auf eine gespickte Börse, der Reiche sagt: «Schmeißt ihn hinaus, er bricht mir das Herz!»

Wer sich mit den keineswegs einfachen Wechselbeziehungen zwischen Hilfsbedürftigen und (potenziellen) Helfern befasst, wird gar nicht selten an diesen jüdischen Witz erinnert. Er illustriert, dass Betroffenheit, Mitleid und Rührung angesichts des Traumatisierten in Aggression umschlagen können.

Weitgehend frei von der Gefahr wechselseitiger Kränkungen laufen in der Regel nur Kontakte zwischen Menschen ab, die ähnliche Vorerfahrungen, ethische Grundsätze, körperlich-geistige Möglichkeiten und äußere («rassische») Merkmale haben. Alles, was anders ist als ich, macht mich unsicher und potenziell aggressiv, andererseits aber auch neugierig und potenziell hilfsbereit.

Rücksicht, Höflichkeit oder Einfühlung in Menschen, die anders sind als wir selbst, sind ein relativ komplexes, hoch stehendes und beileibe nicht selbstverständliches Produkt günstiger seelischer Entwicklungen und gesellschaftlicher Rahmenbedingungen.

Die richterliche Erklärung im «Flensburger Urteil» beruht auf Projektion, das heißt auf einer unüberlegten Hinausverlegung unbewusster Phantasien. Dabei haben sich die Eltern anscheinend mit der unkontrollierbaren Faszination ihrer Kinder durch den Anblick der Behinderten identifiziert, und der Richter wiederum identifizierte sich mit dieser Einstellung der Eltern. Kinder sind in der Regel neugierig; beim Essen zu sabbern liegt ihnen selbst zu nahe, um sich darüber bei anderen zu ekeln. Kein gesundes Kind würde sich sein Essen nicht mehr schmecken lassen, weil am Nebentisch ein Spastiker gefüttert wird. Aber die Eltern denken, dass ihre Kinder genauso empfinden wie sie, und sehen ihre Anstrengungen gefährdet, sie zu Ordnung und Disziplin zu erziehen. Mehr noch: Die Reaktion der Kinder auf die Behinderten, diese noch wenig gefilterte Mischung aus Faszination und Abscheu, der mit glockenheller Stimme geäußerte Hinweis auf das, was doch in peinlicher Bemühung übersehen werden müsste («Guck mal, der kann ja nicht essen!«), stellt die Toleranz der Eltern auf eine harte Probe.

Kein Richter käme auf den Gedanken, einen Automobilbauer zu verurteilen, weil dessen Fahrzeuge zum Geschwindigkeitsrausch verführen, oder einen Kaufhausbesitzer, weil dessen Warenangebote die seelische Schwelle erniedrigen, einen Ladendiebstahl zu begehen. In der Konsumgüterproduktion wird der vom Flensburger Gericht ausdrücklich verneinte «Maßstab ungewöhnlich selbstloser und ethisch hochstehender Menschen» wie selbstverständlich angelegt, denn nur solche lassen sich weder von einem modernen Sportwagen zum lebensgefährlichen Rasen noch von den wonnevollen Alkoholreklamen zum unkontrollierten Trinken verleiten.

Rassismus gegen Traumatisierte

Nur allzu genau ist sichtbar, wie viel schlechter es den Asylsuchenden geht als den Ausländerfeinden, aus wie elenden Verhältnissen sie fliehen, wie armselig die immer wieder als allzu großzügig angeklagte Fürsorge unseres Staates im Grunde ist. Angesichts der überwältigenden und von den Massenmedien plakativ ins Haus gelieferten Not der Welt wird der emotionale Impuls zu helfen zur Bedrohung des eigenen Selbstgefühls.

Um auf all das zu reagieren, müsste man ein zweiter Albert Schweitzer, eine zweite Mutter Teresa sein. So unterdrücken wir die spontane Hilfsbereitschaft; das entstehende Schuldgefühl vermischt sich mit der Angst vor dem Neid und der Rachsucht, die in die Fremden projiziert werden. Im Endergebnis wird dann der Mensch, der unser Mitleid verdient, mit besonderer Wut verfolgt – er soll aus unseren Augen, er soll verschwinden, um die lästige Konfrontation mit den beschriebenen Gefühlen loszuwerden.

In diesem Zusammenhang ist es auch kein Zufall, dass es gerade der jüdische Witz ist, der das Rothschild-Phänomen entdeckt hat, dass es die von einem Juden entwickelte Psychoanalyse ist, welche uns die differenziertesten Mittel gibt, den Hass zu verstehen, der den Verletzten verfolgt, weil er uns an die eigene Verletzlichkeit erinnert.

Der Baron Rothschild ist dem Bettler nur allzu nahe, er weiß vermutlich aus seiner Familiengeschichte nicht weniger anrührende Szenen von Verfolgung und Leid zu berichten, und so wirft er in der Gestalt des Schnorrers den eigenen Schatten hinaus.

Die Vorstellung, dass der Verfolgte und Entrechtete nun besonders viel Mitgefühl für andere Verfolgte und Entrechtete haben sollte, ist eine naive Illusion. Sie dient gegenwärtig mehr als viele andere Illusionen (wenn wir die Besserwisserei über die Situation in Palästina in vielen Antisemitismus-Debatten betrachten) eigenen Verdrängungs- und Rechtfertigungsbedürfnissen.

Mit dem in der amerikanischen Kriminologie etablierten Begriff «innocent bystanders» sind Menschen gemeint, die angesichts von Gewalttaten so lange keine Miene verziehen, ja sogar beifällig nicken, wie sie sich nicht mit dem Opfer identifizieren können und nicht selbst betroffen sind. Die Gaffer angesichts rechtsextremer Gewalt gegen Asylbewerber gehören ebenso in diese Gruppe wie der Busfahrer und die Fahrgäste, die nach einem Bericht der Mitteldeutschen Zeitung vom 24. Juni 1992 teilnahmslos zusahen, als zehn ältere Jugendliche eine Gruppe von fünf hörbehinderten Kindern in Halle-Neustadt brutal zusammenschlugen, weil diese auf ihre Fragen keine Antwort gegeben hatten.

In der Teilnahmslosigkeit der Passanten spiegelt sich die Situation einer verwalteten Welt und die Schattenseite der verbreiteten Meinung, dass, wer nicht Experte ist, auch nichts zu sagen oder zu tun hat, wenn er in eine ungewöhnliche Situation gerät. Zivilcourage lässt sich freilich mit Appellen nicht herbeizaubern. Aber sie lässt sich fördern, wenn mündigen Bürgern die juristische Legitimation entzogen wird, es gebe einen Rechtsanspruch auf eine behindertenfreie (Urlaubs-)Welt.

Eine sehbehinderte Diplom-Psychologin hat mir einmal von ihrer Scham berichtet, wenn Menschen ihr auf der Straße ein Geldstück in die Hand drücken, weil für sie jeder Blinde ein Bettler ist. Diese karitative Reaktion ist kaum weniger vergewaltigend als ein Schimpfwort. Wie dieses drückt sie die Neigung aus, mit dem Traumatisierten sei nicht zu sprechen, man müsse im Gegenteil etwas mit ihm tun, um ihn samt den Leidens- und Unglücksmöglichkeiten loszuwerden, für die er steht oder als Gegenstand von Projektionen zu stehen scheint.

Hilfreiche Neugier

In einem Heim für behinderte Kinder fürchten sich die Erzieherinnen vor einer Nachbarin, die jedes Mal dann, wenn eines der Kinder schreit, im Rathaus der kleinen Gemeinde anruft und sich beschwert.

Um nicht anzuecken und der Gefahr zu entgehen, dass immer wieder ihre Einrichtung die negative Aufmerksamkeit des Gemeinderats findet, beschließt die Heimleitung, eine Entlüftung für die Kinderschlafzimmer einzubauen, damit die schallisolierten Fenster dieser Räume auch im Hochsommer geschlossen bleiben können.

Diese Anekdote, die ich einer Supervisionsgruppe verdanke, zeigt die Folgen eines sozialen Klimas, das durch Urteile wie die von Frankfurt oder Flensburg gefördert wird. Das affektiv besetzte Interesse an den Behinderten führte wohl auch in diesem Fall dazu, dass die Nachbarin ihre Augen schärfte und ihre Ohren spitzte, um Gründe zu finden, sich gestört zu fühlen. Da es sich bei Menschen, die in dieser Weise für «Ordnung» sorgen, meist um autoritäre Charaktere (Adorno) handelt, ist die Einstellung der Gerichte besonders wesentlich.

Der Zusammenbruch einer Sublimierung

Ein 35-jähriger Akademiker erzählt während einer Analysestunde von einem Erlebnis, das er merkwürdig und belastend fand. Während eines Urlaubs auf Sizilien begegnete er in einer

Bar einem Mann, der Zeichen einer kosmetisch nicht ganz erfolgreichen Operation an einer Lippen-Kiefer-Gaumenspalte trug. Er reagierte mit einem spontanen Hassgefühl; am liebsten hätte er den Sizilianer ins Gesicht geschlagen und ihn aus dem Lokal geworfen. Zum Verständnis dieser Situation trägt bei, dass der über seine Wut überraschte Tourist selbst mit einer Hasenscharte geboren und mehrmals operiert wurde.

Die Mutter war nach der Geburt sofort von dem behinderten Kind getrennt worden. Der Patient erinnerte sich daran, wie sie stolz erzählte, dass sie sich nach einigen Tagen gegen die ärztlichen Anordnungen bis in die Neugeborenenstation durchgekämpft habe, wo er lag. Sie habe ihn trotz aller Schwierigkeiten so gepäppelt, dass er genauso schnell zunahm wie ein normaler Säugling.

Ich deutete die Wutreaktion auf den Sizilianer nicht direkt, sondern sagte eher allgemein, dass eine sichtbare Behinderung eine doppelte Bedeutung habe: Sie sei eine Auszeichnung, ein Signal für etwas Besonderes, und ein Defekt. Der stigmatisierte Ausländer sei ihm ähnlich; er sei darin einerseits ein Konkurrent, andererseits aber auch näher und potenziell solidarischer als die anderen, neutralen Barbesucher.

In die nächste Analysestunde brachte der Patient eine Phantasie mit, die ihn erheitert, aber auch beschäftigt habe. Er habe sich in der Rolle von Majestix gesehen, dem Häuptling des kleinen gallischen Dorfes, das in den Comic-Heften über Asterix und Obelix beschrieben wird. Wie dieser habe er sich von seinen Wächtern auf einem Schild hoheitsvoll durch die Gegend tragen lassen. Plötzlich hätten die Wächter ein Spiegelbild gesehen, einen anderen Majestix, einen Usurpator. Da hätten sie sich kämpferisch auf diesen vermeintlichen Feind gestürzt und ganz übersehen, dass sie doch den Schild halten sollten. So sei Majestix erbärmlich auf die Erde gepurzelt, es habe kein Spiegelbild mehr gegeben und die Träger hätten ihn verwirrt und zerknirscht wieder aufgehoben.

Dieses ebenso anschauliche wie humorvolle Bild drückt aus, dass dieser Mann die Sublimierung seiner ursprünglich gegen das eigene, als unvollkommen erlebte Selbstbild gerichteten Wut wiederhergestellt, ja um einen Schritt erweitert hat. Die weitere analytische Arbeit an dieser Phantasie zeigt die Dynamik einer Situation, in der es um die Gefährdung und Wiederherstellung des narzisstischen Gleichgewichts geht.

Die narzisstische Ur-Phantasie vom grandiosen Selbst wird durch die Behinderung einerseits besonders früh und traumatisch infrage gestellt, andererseits aber auch mit besonderer Zähigkeit festgehalten. Das missgebildete Kind ist *sacer* im «Gegensinn der Urworte», den Freud beschrieben hat: heilig und verrucht, erhöht und ausgestoßen. Der grandiose Anspruch leidet sozusagen unter einem Mangel an Personal; weniger metaphorisch: an Abwehrmechanismen. Stabilisierungen des Selbstgefühls, die sich gegen die Wahrnehmung der Realität richten, können nie dauerhaft arbeiten.

Der komische Realismus dieser Szene hängt damit zusammen, dass Majestix nicht den Anspruch stellt, etwa wie ein Gottkönig der Antike immer getragen zu werden und durch ein kompliziertes Hofzeremoniell alle Untertanen zu überragen. Nur zu besonderen, sozusagen offiziellen Anlässen steigt er auf den Schild. Aber dass er oben bleiben kann, dafür ist seine Singularität Bedingung. Es kann nur einen geben.

Der Sizilianer mit der Hasenscharte zeigt dem Patienten, dass er nicht der Einzige, die glorreiche Ausnahme ist, sondern einer von vielen. Alle Hoffnungen, dauerhaft durch die Welt so entschädigt zu werden, wie es vielleicht einmal die Mutter versprach, die sich dem behinderten Kind mit besonderer Liebe zuwandte, brechen zusammen. Das musste jene

Mischung aus Wut und Selbsthass wecken, die den Patienten so beschäftigte. Denn obwohl der sizilianische Rivale nichts von der Wut spürte, lehnte sich der deutsche Patient selbst wegen dieser bösen Aggression heftig ab und vollzog so den Selbsthass, der in der ersten Reaktion noch auf den Zwilling im Trauma gerichtet war.

In diesem Zusammenhang erinnerte er sich an ein Erlebnis aus der Zeit der ersten bewussten Auseinandersetzungen mit seiner Missbildung. Als Gymnasiast in einer der höheren Klassen beschloss er, sich künftig «ganz normal» zu verhalten und nicht mehr ständig an seine Oberlippe zu denken. Er war sehr glücklich und erleichtert über diesen Entschluss, der ihm fast über Nacht zu so viel mehr innerer Freiheit verholfen hatte. Diese Triumphgefühle brachen zusammen, als ihn ein jüngerer Schüler im Pausenhof ansprach und dabei näselte – ob absichtlich oder aus Zufall, ließ sich nicht herausfinden. Der Patient gab dem Kleinen, der nicht wusste, wie ihm geschah, eine Ohrfeige. Erst später war er betroffen über einen Ausbruch, den er mit seiner sonst sanften Art nicht vereinbaren konnte. Auch in dieser Situation brachte die Begegnung mit einem Spiegelbild (dem Nachgeäfft-Werden) die bereits gewonnene Sublimierung in Gefahr.

Trauma und Trauer

Freud hat den Begriff der «Trauerarbeit» geprägt, um anzudeuten, dass die Verarbeitung von Verlusten ein mühsamer Prozess ist, der Zeit und Kraft beansprucht. In jedem Trauma geht es um Verluste: den Verlust an Geborgenheit, an Sicherheit in der Welt, an Zuversicht, an Gesundheit in jenem weiten, das Subjektive umfassenden Sinn einer Selbstvergessenheit. Gesund ist, wer nicht an die körperliche und seelische Basis seines Lebens denken muss, sondern sich mit aller Aufmerksamkeit seinen Zielen zuwenden kann.

Problematisch am Begriff der Trauerarbeit ist die Verknüpfung mit Leistung. Sie kann Normierungen oder Ehrgeiz wecken: Dann fragt sich ein Traumatisierter ruhelos, ob er intensiv genug Trauerarbeit leistet, und fügt auf diese Weise den übrigen Verletzungen auch noch die durch Selbstquälerei und Versagensangst hinzu. Oder die psychologiekundige Freundin macht die neue Liebe nach dem Verlust einer alten madig, weil noch nicht genug Trauerarbeit geleistet und die neue Beziehung daher zum Scheitern verurteilt sei.

Solche Störungen weisen darauf hin, dass wir uns umso schwerer mit der Trauer tun, je stärker unsere Lebensvorstellungen von Machbarkeit geprägt sind. Charakteristisch an der Trauer ist, das sie Zeit braucht und nicht «besser» wird. Sie wird allerdings «weniger» in dem Sinn, dass uns ein Trauma in den ersten Tagen fast pausenlos beschäftigt. Irgendwann bemerken wir, dass wir auch andere Gedanken länger festhalten können. Nach Abschluss des Trauervorgangs wissen wir, dass wir bereits lange von dem Ereignis unbehelligte Phasen erlebt haben, und sind deshalb nicht mehr verzweifelt, wenn die Trauer zum Beispiel an einem Jahrestag wiederkehrt, als wäre sie nie fort gewesen. Kein wirklich Trauernder kann sich selbst mehr als oberflächlich überzeugen, dass er jemals in der Lage sein wird, das Trauma zu überwinden.

Solche Überlegungen bereiten darauf vor, hinter der Trauer einen komplexen Reifungsprozess zu vermuten, der mit einer gewachsenen Toleranz für Ambivalenzen zusammenhängt. Diese Ambivalenztoleranz ermöglicht ein stabiles Bild der Realität unseres Lebens und unserer Gefühlsbeziehungen, in denen sich Süßes und Bitteres immer mischen. Wer gelernt hat, Ambivalenzen zu ertragen, kann sich nicht nur geistig, sondern auch emotional damit abfinden, dass das Leben und die Liebe endlich sind. Er kann mit Humor – das heißt ruhigem Abstand – erkennen, dass der Mensch Lust empfinden darf, aber auch Schmerzen leiden muss, dass Reichtum, Sicherheit und die Liebe unserer Mitmenschen prekäre Strukturen sind, die jederzeit zerfallen können.

Der Gegenpol der Ambivalenztoleranz ist die Spaltung. Emotionale Beziehungen können hier nur durch Idealisierung aufrechterhalten werden. Der Partner muss ganz gut sein, alles Negative an seinem Bild wird verleugnet. Kann diese Spaltung nicht aufrechterhalten werden, verwandelt sich der vor dem Trauma positiv idealisierte, «gute» Partner im Trauma oft sehr plötzlich in einen negativ idealisierten, schlechten. Seine Schlechtigkeit wird nun ebenso vertieft, wie seine Güte überhöht war. Othello ist ein klassisches Beispiel für solche Prozesse. Desdemona wird von ihm idealisiert; sobald er aber an ihr zweifeln muss, ist sie ganz ohne Wert und des Todes schuldig. Es ist von Shakespeare gut beobachtet, dass Othello ein extrem ehrgeiziger Außenseiter ist. Sobald die Idealisierung verloren geht, kann er nicht trauern, sondern muss töten. Indem er tötet, vernichtet er sich selbst.

In der kindlichen Entwicklung kann sich die Trauer erst dann herausbilden, wenn das Kind erlebt, dass es fähig ist, sein Leben zu verändern und zu gestalten. Vor dem Hintergrund dieser Qualität kann die Grenze der eigenen Macht erkannt und der gescheiterte Impuls verarbeitet werden, sie zu überschreiten. In früheren Perioden würde das Kind schreien, weil es die Grenze der eigenen Macht noch nicht von den Grenzen der Macht der erwachsenen Bezugspersonen unterscheidet. Das traurige Kind ist in der Lage, diese Grenze wie auch die Grenze der mütterlichen/väterlichen Macht zu erkennen.

Störungen der Traumaverarbeitung

Wenn richtig ist, dass Menschen einen Gott erfinden, um sich Hilfe angesichts der Verletzungen durch das bewusst gewordene Leben zu verschaffen, dann verwundert es auch nicht, in Mythen, Märchen und frommen Schriften so viele Einsichten zur Traumaverarbeitung zu entdecken. Einer dieser Sätze lautet: «Wer hat, dem wird gegeben. Wer aber nicht hat, dem wird genommen.»*

Wer intelligent und emotional gut versorgt ist, wer in stabilen wirtschaftlichen Verhältnissen und festen Liebesbeziehungen lebt, der kann leichter weitere Stabilisierungen aufbauen und sich auch schneller wieder festigen, wenn er durch ein Trauma aus dem Gleichgewicht gebracht wurde.

Wenn die Traumaverarbeitung scheitert, wirken Erbfaktoren, quantitative und qualitative Einflüsse zusammen. Wer intelligent, stark und gesund ist, erträgt mehr als Behinderte oder Kranke. Daher ist es auch eine Illusion, wir würden im Alter Kränkungen besser verarbeiten können. Ähnlich wie durch einen Infekt die Abwehr gegen neue Erreger geschwächt werden kann, bereitet ein seelisches Trauma oft dem nächsten den Weg. Wer sich von der Mutter unverstanden und nicht anerkannt fühlt, in dem erwacht eine gefährliche Sehnsucht nach einer Erfahrung mit einem Erwachsenen, welche für diese Mängel entschädigt. Er wird verführbar für sexuellen Missbrauch, kann sich weder vor dem ersten Schritt schützen noch später sagen, was geschehen ist. Ähnlich wird eine Streitehe oder der Alkoholismus eines Partners das Selbstvertrauen des Kindes schwächen und dazu führen, dass es den Übergriff nicht abwehren kann, wenn der Täter – wie es ja meist der

* Nach dem Jesuswort in Matthäus 13,12; 25,29; Markus 4,25 und Lukas 8,18; 19,26.

Fall ist – nicht mit Gewalt, sondern mit psychischem Druck, Überredung und Belohnungen arbeitet.

Solche Analysen der komplexen Vorgeschichte eines Traumas werden oft abgewehrt, weil sie als Versuch missverstanden werden, einen Täter zu entlasten oder dem Opfer eine Mitverantwortung zuzuschreiben. Aber eine solche Vereinfachung dient den Opfern schlecht, bei ihr sollte eine Therapie nicht stehen bleiben, wenn sie diesen Namen verdienen will. In der zweiten Phase, der Rekonstruktion des Traumas und seinem Verständnis gewidmet, müssen solche Vorbelastungen beachtet werden. Erst dann kann die dritte Phase – die Rückkehr in eine (relative) Normalität – geleistet werden.

Die ausgeglichene Stimmungslage, die zwischen Freude und Trauer schwankt und sowohl die Manie (in der sich Lebensfreude und «positives Denken» als aggressiv erzwungene Verpflichtung darstellen) wie die Depression (in der jeder oberflächlich ist, der nicht genauso leidet wie ich) vermeiden kann, ist dem Menschen grundsätzlich nicht verlässlich gegeben. Er kann sie immer wieder erreichen, wenn es ihm gelingt, nicht mehr Kränkungen ausgesetzt zu sein, als er verarbeiten kann. Ein Mensch kann Ansprüche aufgeben und Kränkungen humorvoll begrenzen. Aber frühe Erlebnisse und aktuelle körperliche oder seelische Belastungen mindern diese Verarbeitungskapazität. Daher ist es ähnlich unsinnig, über «harmlose» Kränkungen zu sprechen wie über «harmlose» Mengen an Gift in unserer Umwelt.

Harmlose Mengen können wir nur angeben, wenn es uns gelingt, alle Faktoren konstant zu halten, alle unheilvollen Synergien auszuschließen. Aber das geht angesichts von Kränkungen so wenig wie angesichts von Quecksilber im Grundwasser. Denn wenn es auch garantiert harmlos sein mag, einmal einen Liter mit dieser winzigen Menge zu trinken, ist es nicht harmlos, das jeden Tag zu tun, und noch viel weniger harmlos, am

Ende einer Nahrungskette zu leben, in der sich diese «harmlosen» Mengen angereichert haben.

Ähnlich mag eine frühe traumatische Trennung von der Mutter, der Spott von Geschwistern, eine Mobbing-Erfahrung in der Schule, der nur angedeutete sexuelle Missbrauch durch einen Verwandten als Einzelereignis für sich genommen «harmlos» sein. Aber es gibt auch hier keine Garantie, dass diesem Einzelereignis eine genügend gründliche Stabilisierung folgte. Und dann stehen wir plötzlich fassungslos vor dem Selbstmord eines Menschen, der «nur» den Arbeitsplatz oder eine Liebesbeziehung verloren hat.

Wer in der Rekonstruktion des Traumas das Geschehen in den Kontext der lebenslangen Kränkungsverarbeitung einordnet, ist weit davon entfernt, ein Trauma zu bagatellisieren, mit dem sich das Opfer gerade jetzt herumschlägt. Wir sollten uns von allen Positionen verabschieden, welche die seelische Verletzlichkeit des Menschen leugnen. Sie wird dadurch nicht kleiner, sondern gefährlicher. Der menschliche Narzissmus wird zu einer hochbrisanten, lebensgefährlichen Macht, wenn wir ihn ignorieren und behaupten, ein Verlierer habe kein Recht auf Schonung, ein Opfer keinen Anspruch auf Mitleid und Kinder würden ohnedies alles wegstecken, was mir selbst auch nicht geschadet hat.

Allparteilichkeit

Das Modell der parteilichen Beratung gehört in die Justiz. Ein Anwalt, der sich nicht daran orientiert, macht sich strafbar: der Tatbestand des «Parteienverrats». Angesichts der Ausreden und des massiven sozialen Drucks, den gerade beim sexuellen Missbrauch die Täter entfalten, ist solche Parteilichkeit an sich selbstverständlich.

Problematisch sind Erweiterungen des Konzepts, beispielsweise auf alle Beratungen von Frauen, die Konflikte mit Männern haben (oder umgekehrt), auf die Behandlung von Kindern, die Probleme mit ihren Eltern haben, auf Arbeitnehmer, die sich gemobbt fühlen. In einer Straftat hat der Täter dem Opfer den gerechten Austausch verweigert. Die Justiz schützt das Opfer und macht den Täter unschädlich – immer vorausgesetzt, sie erfüllt ihre Aufgaben korrekt.

In den Liebes- und Arbeitsbeziehungen des Alltags geht es darum, gemeinsame Vorstellungen von gerechtem Austausch erst einmal zu entwickeln. Enttäuschte Liebe beispielsweise ist kein Straftatbestand, obwohl sich zurückgewiesene Liebende gern einer analogen Ausdrucksweise bedienen. Daher ist hier das Konzept einer Allparteilichkeit für den Helfer sinnvoller: Es geht nicht darum, beispielsweise in einer Ehetherapie einen Partner gegen den anderen zu beraten, sondern sich für die Entwicklung und das Lebensglück beider zu engagieren.

Das ist keineswegs einfach, denn gar nicht selten fordern Traumatisierte gebieterisch, nicht nur ihnen Schutz zu gewähren, sondern auch ihr Leid an den Tätern zu rächen. Wer nun, um die erste Phase der Traumatherapie zu sichern, in solchen Strömungen von Rache, Verachtung und Entwertung mitschwimmt, kann die zweite und dritte Phase der Traumatherapie nicht mehr bewältigen: Sowohl die Rekonstruktion des Traumas wie die Erneuerung eines Gefühls von Normalität erfordern Einsicht in eigene Ungerechtigkeit so sehr wie Anklage gegen die fremde.

Die Patientin wurde als Kind sexuell missbraucht. Die Eltern ließen sich scheiden, der Vater kam ins Gefängnis, die Mutter verließ die Tochter, um einem neuen Mann ins Ausland nachzufolgen. In ihrem von Nonnen geführten Heim konvertierte die Patientin zum Katholizismus; der Glaube gab ihr nach ihrem Bericht viel Halt, sie konnte sich beruflich stabilisieren, blieb aber kinderlos. Derzeit ist sie mit einem katholischen Geistlichen liiert, der in einer anderen Stadt lebt und als Krankenhauspfarrer arbeitet. Ihn will sie mit ihren Problemen nicht belasten, er leide genug unter dem sündhaften Verhältnis.

Die gegenwärtigen Angstzustände und Depressionen verbindet sie mit dem «Mobbing» durch eine Kollegin, die – etwas älter als sie – vor zwei Jahren in ihren Betrieb gekommen sei. Sie habe sie eingearbeitet und sehr ins Herz geschlossen, weil auch die Kollegin gläubig sei. Auf einer gemeinsamen Fahrt nach Fatima sei es aber zum Konflikt gekommen. Sie habe der Frau, die sie für eine Freundin gehalten habe, von ihrem Liebhaber erzählt. Daraufhin habe diese ihr heftige Vorwürfe gemacht, die Reise abgebrochen und sie nach der Rückkehr nicht mehr gegrüßt und nur das Nötigste mit ihr gesprochen.

Alle Versuche, der einstigen Freundin und gegenwärtigen Feindin ihre Lage zu erklären, um Verständnis zu werben, schlügen fehl. Sie sei schon beim Betriebsrat und bei der Chefin gewesen, aber sie könne natürlich nicht alles sagen. Die Situation weckt in dem Therapeuten zwiespältige Gefühle. Er fühlt sich ohnmächtig. Er kann der Klientin nicht nützen, denn er kann die Mobbing-Täterin nicht verändern. Wenn er aber versucht, den Blick auf ihren Anteil an dem Konflikt zu richten, fürchtet er, sie zu kränken und ihr so zu schaden.

Dieses Dilemma ist charakteristisch für Gegenübertragungsprobleme bei Traumatisierten. Der Helfer glaubt, nichts nützen zu können, wenn er schweigt, aber zu schaden, wenn er spricht, weil sein einziger Gedanke darauf hinausläuft, seine Gefühle eigener Nutzlosigkeit aggressiv auf ihren vermeintlichen Ursprung zurückzuführen. Oft spielen hier Phantasien des Helfers eine Rolle, er sei nur so lange «gut», wie er die Zuschreibung alles Bösen auf einen Täter mitvollzieht.

Gleichzeitig bemerkt er angesichts der Wucht der Wut und der Intensität der Anklagen gegen Angreifer, die seiner Meinung nach nichts besonders Schlimmes getan haben, dass es nur wenig brauchen wird, um auch ihn in das Schussfeld zu bringen.

So duckt er sich vielleicht und denkt im Stillen: Nie wieder eine solche Borderline-Patientin! Dass er damit die Unsicherheit und damit die latente Wut der Kranken enorm steigert und sie so unbewusst stimuliert, seinen Verrat an der professionellen Aufgabe durch ihr gestörtes Verhalten zu legitimieren, können wir vermuten.

Ich finde hier die Tradition der Psychoanalyse, eine forschende Haltung einzunehmen, sehr hilfreich. Auch wenn ich dem Traumatisierten oft nicht nach dem Maß seiner Bedürfnisse helfen kann, kann ich ihm doch mein ganzes Wissen zur Verfügung stellen und gleichzeitig alles tun, um ihn nicht erneut zu kränken. In einem Fall wie dem vorliegenden kam ich zu dem Ergebnis, in den nächsten Stunden herauszufinden, welche Erwartungen und Phantasien die Kranke an diese Freundin gerichtet habe.

Es sei auch in der Tat ein Riesenpech, dass sich Traumatisierte anziehen; wenn die Patientin mehr Glück gehabt hätte, wenn sie mit einer Frau gereist wäre, die verständnisvoll auf ihre schwierige Liebschaft hätte eingehen können, wäre sie aus dem Ghetto dieser heimlichen Liebe herausgetreten. Jetzt fühle sie sich doppelt eingesperrt, und sie habe durchaus Grund, diesen Kummer der Freundin zuzuschreiben. Diese habe nicht liebevoll reagiert, aber das bedeute nicht, dass alle Liebe vorher geheuchelt gewesen sei, es sei einfach eine Situation, welche die Freundin nicht verarbeiten könne, aus Gründen, die sich nicht aufklären ließen und über die Vermutungen anzustellen fruchtlos sei.

Vielleicht wird hier deutlich, was mit Allparteilichkeit gemeint ist: Die Analyse erstreckt sich über das ganze Lebensfeld, in dem sich die Traumatisierte orientieren muss. Überall wird die forschende und deutende Haltung bewahrt, es gibt keine bösen Feinde, sondern nur Menschen mit Vorzügen und Schwächen, zwischen denen sich die Patientin mit ihren eigenen Vorzügen und Schwächen positionieren kann, um ein möglichst normales Leben zu führen.

«Aber eine Liebschaft mit einem Pfarrer ist doch nicht normal!»

«Aber gar keine Liebschaft ist auch nicht normal. Und wenn eine Liebesbeziehung entstanden ist, ist es doch normal, den Versuch zu wagen, sie festzuhalten und mit vertrauten Freundinnen über sie zu sprechen. Aber es ist auch normal, dass es Menschen gibt, denen ihr Charakter solche Gespräche verbietet.»

Die Rückkehr zum menschlichen Maß und der Verzicht auf Rache

Nicht so vieles Federlesen!
Lass mich immer nur herein:
Denn ich bin ein Mensch gewesen,
Und das heißt ein Kämpfer sein.
Schärfe deine kräft'gen Blicke!
Hier! – durchschaue diese Brust,
Sieh der Lebenswunden Tücke,
Sieh der Liebeswunden Lust.

Goethe, «Westöstlicher Diwan»,
Buch des Paradieses, Einlass

Ähnlich wie es zum normalen Erwachsenen gehört, nicht völlig erwachsen zu sein, sondern das Fortbestehen kindlicher Erlebnisweisen anzunehmen, gehört es auch zur Normalität des Traumatisierten, nur «relativ» normal zu sein. Diese relative Normalität besagt, dass Traumatisierte sich von der primitiv-narzisstischen Reaktion verabschieden, wonach wir entweder perfekt oder wertlos sind. Ich habe in einem kleinen Dorf in Mittelfranken, wo jeder jeden kennt und die Grundstücke nicht eingezäunt sind, an diesem Kapitel gearbeitet. Gerade dachte ich über den Satz nach, dass Traumatisierte keine kleinen Probleme kennen, sondern nur Katastrophen, als ich vom Anwesen gegenüber ein herzzerreißendes Jammergeheul hörte. Der Nachbar hat fünf Kinder, das jüngste dürfte drei oder vier Jahre alt sein, eines der großen Geschwister hat etwas Kränkendes getan oder gesagt. Die Welt stürzt ein, so gründlich, dass niemand im Umkreis von hundert Metern sich nicht aufgerufen fühlt, helfend-tröstend-rächend herbeizueilen.

Die Kränkung ist in diesem Alter Katastrophe und kleines Problem zugleich. Und es ist keineswegs so, dass wir dieses Alter vollständig überwinden und verlassen. Es bleibt in uns und mit ihm die primitive Verzweiflung, in der Wut und Alarmruf an das tröstende Selbstobjekt in eines fallen und die Trauerarbeit ersetzen.

Aber unser Leben ist, solange wir aushalten, auch eine Geschichte des Kampfes gegen Kränkungen. Traumen sind Kränkungen, die das normale Maß übersteigen, aber das heißt nicht, dass wir sie nicht verdauen können, wenn die Umstände günstig sind. Einen Teil dieser Umstände kann nur die äußere Realität schaffen, einen anderen können wir herstellen, indem wir den Betroffenen helfen, ihre Geschichte zu verstehen und in ihr auch die Kräfte zu finden, die ihnen halfen, über frühere Kränkungen hinwegzukommen.

In dem oben beschriebenen Beispiel hat die als Kind sexuell missbrauchte Patientin durch die Identifizierung mit den frommen Nonnen und die Bekehrung zu deren Glauben eine neue spirituelle Welt aufgebaut, welche sie lange Jahre in ihrem Selbstgefühl festigte und ihr ein selbständiges, weitgehend symptomfreies Leben ermöglichte. Die Liebe zu einem dem Zölibat verpflichteten Priester war die erste stabile sexuelle Beziehung, welche der Traumatisierten möglich war. Vorher hatte sie sich immer sofort von den Männern getrennt oder in unerreichbare Männer verliebt. Jetzt sind die beiden schon fünf Jahre liiert. Die anfangs häufigen Katastrophen-Inszenierungen der Patientin, in denen sie sich sofort für immer trennen wollte, weil sie es nicht überleben könne, wenn ihr Geheimnis entdeckt würde, sind seltener geworden. Manchmal werden solche Impulse bereits dadurch abgefangen, dass die beiden darüber lachen. Sie sehen sich jedes zweite Wochenende und fahren gemeinsam in Urlaub; einmal waren sie sogar, Gipfel ketzerischen Genusses, zusammen in Rom. Durch diese Bereicherung ihres Lebens und den Gewinn eines idealisierten Partners sicherer geworden, wagte sich die Traumatisierte noch einen Schritt weiter – und stürzte ab. Sie hätte so gern eine «richtige» Freundin gehabt, mit der sie alles bereden konnte, die sie nicht verriet und im Stich ließ wie einst die Mutter.

Viele sexuell missbrauchte Frauen haben subjektiv «mehr» Probleme mit Frauenfreundschaften als mit Männern. Männer sind Kumpel, sind weiter weg, sind – wenn man gelernt hat, eine neue sexuelle Traumatisierung zu kontrollieren – eine Quelle narzisstischer Bestätigung, man kann mit ihnen flirten, Nähe und Distanz regulieren. Frauen hingegen sind Rivalen, sie nutzen einen aus, sie sind falsche Schlangen, man weiß nie, wie man mit ihnen dran ist.

Diese Entwertungen zeigen, wie die traumatisierte Frau ihr Selbstgefühl dadurch zu schützen meint, dass sie die Nähe zu Frauen abwehrt und Frauen entwertet – nach dem Gesetz des kannibalischen Narzissmus, dass ich, wenn ich etwas entwerte, immer noch besser bin als das Entwertete, gerade wenn ich mich nach seiner Anerkennung sehne, mich aber jeder Chance beraubt fühle, sie zu gewinnen.

Die in ihren spirituellen Überzeugungen «nahe» Kollegin, welche die Hilfsbereitschaft und Aufmerksamkeit der Patientin gern angenommen hat, verspricht nun zum ersten Mal eine Frauenfreundschaft, einen Ausgleich der desolaten Mutterbeziehung. Daher wird ihr das Kostbarste anvertraut. Und wieder wird das Vertrauen missbraucht, entstehen Beschämung und Entwertung aus dem Versuch, einen neuen Schritt zu wagen, wie damals mit dem Vater, der dem Mädchen versprach, ihm zu zeigen, was das Geheimnis der Erwachsenen ist.

Die Patientin ist deshalb so verzweifelt, weil sie die Grenze zwischen ihrem normalen und ihrem zerstörten Leben nicht mehr findet. Sie kann die Beziehung zu ihrem «verbotenen» Freund nicht mehr gut finden, kann diesmal nicht einmal mit ihm über ihre Trennungsabsichten sprechen, fürchtet, alles zu verlieren. Dieser Grenzverlust hängt mit der grenzenlosen Enttäuschung durch die Freundin-Kollegin zusammen. Solche grenzenlosen Kränkungen sprechen dafür, dass hier eine sehr primitive Beziehung vom Selbstobjekt-Typus gesucht wurde. In diesen Fällen entsteht eine extreme Abhängigkeit, weil die Beziehung sozusagen verspricht, alles gutzumachen, die ursprüngliche Grandiosität wiederherzustellen, die versagende «Mutter» der frühen Symbiose zu ersetzen.

Die Therapie hat die Aufgabe, diese Verwüstungen aufzuhalten und die Grenze gegenüber dem Selbstobjekt neu zu ziehen. Dazu ist es notwendig, die kränkende Täterin aus einem übermächtigen Dämon wieder in einen Menschen mit Tugenden und Schwächen zu verwandeln. Dann kann sie aus der Erzfeindin und mobbenden (aber durch den Mobbing-Vorwurf auch gemobbten) Kollegin zu einer früheren Freundin werden, welche den Schritt in eine tiefer gehende Freundschaft nicht leisten konnte. Das ist schade, aber nicht böse. Folgerichtig kann das Ereignis betrauert werden, während die Phantasien, zu verfolgen oder verfolgt zu werden, allmählich abnehmen.

In der Traumatherapie wird der Therapeut immer zum Selbstobjekt. Er kann diese Tatsache durch ein technizistisches Vorgehen von sich fern halten. Oder er kann versuchen, diesen Typus von Beziehung und seine Ressourcen zusammen mit dem Patienten zu erforschen. Dann muss nicht mehr über traumatische oder heilsame Erlebnisse geredet und geübt werden, sondern diese finden in der therapeutischen Situation selbst statt.

Persönlich halte ich wenig von Rivalitäten zwischen Therapierichtungen. Ich will mich als ein nach vielen Erfahrungen mit «humanistischen» Methoden überzeugter Analytiker nicht von Kollegen anderer Schulen entwerten lassen, aber halte es für selbstverständlich, überzeugte Verhaltenstherapeuten oder Psychodramatiker ebenso zu respektieren wie Psychoanalytiker. Meine Kritik richtet sich eher gegen den Missbrauch von Theorien, Erfahrungen und Methoden im Dienst von Verleugnungen – und hier sind «gute» Theorien vielleicht noch mehr gefährdet als schlechte. Keine Theorie, keine Erfahrung kann die Bereitschaft ersetzen, mit jedem neuen Patienten das Abenteuer Therapie neu zu erfinden.

10 KILL BILL

Am anderen Morgen erhob sich der König,
von Freude berückt und über die Maßen beglückt;
dann ließ er alle Krieger kommen und verlieh
dem Wesir, dem Vater Schehrezads, ein prächtiges
Ehrengewand, indem er zu ihm sprach: «Allah schütze dich
dafür, daß du mir deine edle Tochter zur Gemahlin
gegeben hast, sie, die der Anlaß war,
daß ich mich vom Töten der Töchter des Volkes
abgewandt habe.»

1001 Nacht, Insel-Ausgabe, Bd. 6, S. 645

Der jüngste Film von Quentin Tarantino variiert das Blaubart-Motiv. Die weibliche Hauptdarstellerin Uma Thurman, manchmal «Bride», manchmal «Black Mamba» genannt, ist das Opfer eines nach dem Blaubart-Modell konstruierten «Bill». Aber sie entledigt sich ihrer Opferrolle, wird selbst zur Täterin und bekämpft Bill mit dessen eigenen Mitteln.

Die Braut bereitet in einer ländlichen Kirche ihre Hochzeit vor, hochschwanger und im weißen Kleid, als eine Gruppe unter der Führung von Bill* (David Carradine) eindringt und alle Mitglieder der Hochzeitsgesellschaft einschließlich des Geistlichen und der Trauzeugen tötet. Die meisten werden kaltblütig erschossen – das Werk von Profikillern, sagt der

* David Carradine, der Darsteller von Bill, ist eine legendäre Figur der Kampffilm-Szene. Er begründete den Kung-Fu-Boom der siebziger Jahre und war ein Kindheitsidol des Filmemachers Quentin Tarantino. Carradine hat mehr als jeder andere – ausgenommen Bruce Lee – getan, um die chinesische Kampfkunst zu einem Thema der Unterhaltungsindustrie zu machen. Obwohl er die Titelrolle trägt, tritt Bill in dem ersten Teil des Films kaum auf, er ist nur als Stimme präsent.

Sheriff, der zu dem Mord gerufen wird. Die Braut wird von dieser Gruppe gefoltert. Sie war früher unter dem Codenamen Schwarze Mamba das tödlichste Mitglied der Gruppe, die Bill gegründet hat: die Deadly Viper Assassination Squad. Alle Vipern tragen Codenamen. Black Mamba war einmal Bills Geliebte. In der ersten Rückblende säubert ihr Bill mit einem Taschentuch das völlig zerschlagene und entstellte Gesicht, ehe er ihr in den Kopf schießt. Bill sagt dabei aus dem Off, dies sei kein sadistischer, sondern ein masochistischer Akt.

Die Heldin überlebt Folter und Kopfschuss. Jahrelang liegt sie im Koma und wird von einem gewissenlosen Krankenpfleger-Zuhälter als Sexpuppe vermietet. Eine der «Schlangen» der Killer-Gang, California Mountain Snake, bürgerlich Elle Driver, ist bis an ihr Bett vorgedrungen und will die Ohnmächtige durch eine Injektion töten. Bill ruft im letzten Augenblick an und verbietet den Mord.

Die Heldin erwacht durch den Stich eines Blut saugenden Insekts. Sie staunt, dass die Schusswunde verheilt ist, und bemerkt fassungslos, dass sie ihr Kind verloren hat. Ihre erste Tat ist die blutige Rache an dem «Kunden», der sie für hundert Dollar sexuell missbrauchen wollte. Dann tötet sie den Zuhälter. Sie flieht mit dessen Auto, einem goldfarbenen Kombiwagen mit dem Aufdruck «Pussy Wagon». In diesem Wagen fährt sie auch bei dem nächsten Opfer ihres Rachefeldzugs vor, einer der Vipern, die seit Jahren mit einer kleinen Tochter ein unauffälliges Leben führt. Es ist Copperhead, bürgerlich Vernita Green.

Der Schulbus fährt vor und bringt Vernitas kleine Tochter zurück, während die beiden Frauen auf Leben und Tod kämpfen. Auf die flehende Bitte der Mutter unterbrechen sie den Kampf. Die Tochter wird empfangen und auf ihr Zimmer geschickt, während die beiden Frauen in trügerischem Frieden beschließen, erst einmal zusammen Kaffee zu trinken.

In dem Gespräch betont Black Mamba ihren Rachedurst. Sie hat ihren Mann verloren und ihr Kind, wie kann Copperhead Schonung für ihr Leben und ihr Kind erwarten? Während der Vorbereitungen zu einem Snack für das Kind versucht Copperhead, Black Mamba mit Hilfe einer Schusswaffe zu töten, die sie in ihrem Kühlschrank in den Cornflakes aufbewahrt. Black Mamba ist schneller und erledigt sie durch ein Wurfmesser.

Erst dann bemerkt die Rächerin, dass das Kind den Tod der Mutter beobachtet hat. Sie sagt sinngemäß: «Ich hätte dir das gern erspart. Wenn du erwachsen bist und diese Tat nicht vergessen kannst, werde ich auf dich warten.»

Die nächste Geschichte beginnt in der Kindheit der zweiten der tödlichen Schlangen: Cottonmouth, O-Ren Ishii. Im Alter von sieben Jahren verbarg sich O-Ren unter dem Bett, als ihre Eltern von einem Gangster ermordet wurden. Im Alter von elf Jahren nahm sie blutige Rache und wurde seither der erste weibliche «Boss der Bosse» in der japanischen Unterwelt der Yakuza. Während der konstituierenden Sitzung des obersten Rates schlägt O-Ren Ishii mit einem blitzschnellen Hieb einem rassistischen Kritiker ihrer Machtübernahme den Kopf ab.

Zum Zeitpunkt der Rache der Black Mamba ist O-Ren eine mächtige Frau, die über viele Schwertkämpfer gebietet. Sie hat eine französische Juristin, die ihre Gelder wäscht, einen Leibwächter und eine Leibwächterin, die nicht nur eine geniale Kämpferin ist, sondern auch völlig gewissenlos und verrückt. In einer Szene fragt diese Leibwächterin einen Mann, ob er sie koitieren will, und ersticht ihn, als er bejaht, mit der Bemerkung, nicht er steche sein Ding in ihren, sondern sie ihr Ding in seinen Leib.

Black Mamba ist nach Osaka gereist und hat bei dem besten aller japanischen Schmiede vorgesprochen, ob er ihr die

Waffe für ihre Rache an Bill verschaffen könne. Der Schmied hat aus einem dunklen Grund allen Mordwerkzeugen abgeschworen und führt eine Kneipe, aber als er den Namen Bill hört, stellt er sich wieder an Esse und Amboss; auch er hat eine Rechnung mit diesem zu begleichen.

Nach vier Wochen ist das Schwert fertig. Mit dieser Waffe fordert die Rächerin ihre Feindin heraus. Sie tötet die meisten Männer der Yakuza-Garde, die von O-Ren vorgeschickt werden. Nur wenige kommen mit dem Leben davon, müssen aber wenigstens einen Arm oder einen Fuß auf dem Kampfplatz lassen.

Schließlich besiegt die Heldin auch noch die Leibwächterin von O-Ren Ishii, Go Go Yubari. Deren tückische Waffe ist eine Art Morgenstern, an einer langen Kette geschwungen. Black Mamba ist bereits entwaffnet und verletzt, aber es gelingt ihr, die triumphierende Go Go Yubari mit einem Kantholz zu töten, das in dem Möbel zertrümmernden Kampf liegen geblieben ist. Black Mamba verschont nur einen einzigen, noch sehr jungen Kämpfer, dessen Schwert sie in Stücke hackt und dem sie dann mit der flachen Klinge den Hintern versohlt.

In dem letzten Gefecht zwischen den beiden früheren «Schlangen» kann die Heldin nach einer weiteren Beinahe-Niederlage der Yakuza-Obersten mit einem blitzschnellen Hieb das Schädeldach abschlagen. Der schöne schwarze Haarschopf sinkt zu Boden, gefolgt von der Japanerin, die im Sterben noch das Meister-Schwert bewundert. Danach foltert Black Mamba die Anwältin der Yakuza, Sophie Fatale (Julie Dreyfus), und zwingt sie, den Aufenthalt von Bill zu verraten. Sie fordert sie auf, diesem auch zu sagen, dass sie ihn verraten hat, und wirft die übel Zugerichtete vor der Notaufnahme einer Klinik aus dem Auto.

In der letzten Szene erstattet Sophie Fatale Bericht an Bill, dessen Stimme aus dem Off sagt: «Aber sie weiß nicht, dass ihre Tochter noch lebt.»

Ist die Heldin in «Kill Bill» eine zur Amazone gewandelte Schehrezade, welche in dem dutzendfach wiederholten Abschlachten ihrer Gegner die Opferrolle umkehrt? Wenn wir uns die vielen in der Blüte ihres Lebens gemeuchelten Frauen am Hof des Blaubart-Königs vor Augen führen, dann verdient nach dem Gesetz der gerechten Rache der König hundertmal den Tod. Da er ihn nur einmal finden kann, müssen viele seinesgleichen niedergemetzelt werden.

Die Heldin ist Bill untreu geworden. Der Mord an ihrem Hochzeitstag ist die Rache für diese Untreue. So weit liegt auch «Kill Bill» das klassische Motiv der sexuellen Rache zugrunde: Wenn ich sie nicht haben kann, soll sie keiner haben. Das prägt die Kriminalstatistik bis heute.

Bill hat das Blaubart-Motiv auf raffinierte Weise weiterentwickelt. Er umgibt sich mit Frauen, die gerade deshalb so tödliche Killerinnen sind, weil ihnen – wie der im Gras verborgenen Schlange – niemand den tödlichen Biss zutraut. Der taktische Vorteil einer weiblichen Killertruppe liegt auf der Hand. In den meisten Fällen werden sich die Opfer zunächst der erotischen Anziehung ausliefern oder zumindest einer Frau «so etwas» nicht zutrauen. Schließlich wird aber nicht das männliche Organ in die Frau eindringen, sondern die Waffe der Frau den Körper des Mannes zur Scheide machen.

Dieses Motiv wird in der «Perversion» von Go Go, der kindlich schönen, wie eine Zuckerpuppe auftretenden Leibwächterin der Yakuza-Chefin, obszön formuliert, aber es spiegelt sich in den unzähligen Kampfszenen, in denen sich die Schwertkämpferin durch männliche Leiber arbeitet, bis hin zu dem Kampf mit dem Jungen, dem sie das Schwert stutzt, um ihn dann zu versohlen. Er ist noch kein Mann, er darf mit heiler Haut davonkommen.

Signalisiert «Kill Bill» ein gewandeltes, individualisiertes Verhältnis zur Gewalt in der Erotik? Zum Teil ja, zum anderen Teil greift der Mythos der Black Mamba auf uralte (Männer-)Phantasien zurück, welche die Blaubart-Dynamik schon immer umgedreht haben. Im griechischen Aberglauben waren es die Lamien, welche junge Männer in reizend jungfräulicher Gestalt verführten, dann aber den Bräutigam in der Hochzeitsnacht erwürgten. Bei Homer gab es Kirke, die Männer in Schweine verwandelt, Sirenen, die mit süßer Stimme den Seemann verlocken, an ihrer Küste zu landen, um ihn dann zu zerreißen und aufzufressen.

Man kann die Geschichte über Bills Schlangen, nicht anders als die von Schehrijar, als Männerphantasie deuten. Sicher ist es ein Männertraum, einen Harem hochtrainierter und extrem gut aussehender Killerinnen zu haben, wie ja auch das Amazonenheer des Sklavenhalter-Königs von Benin in eine patriarchalische Vergangenheit gehört. Aber selbst wenn das so ist, entwickelt die Geschichte doch ihre eigene Kraft. Sie bezwingt den männlichen Wunschtraum, erweist ihn als den Albtraum, der er werden muss, wenn alle Loyalität der puren Freude an der Gewalt zum Opfer fällt.

Der Moskito, der Black Mamba aus dem Koma weckt, ist das letzte Glied in einer Kette der Ausbeutung. «Einige Wochen vor ihrer Eheschließung träumte sie, ihr Mann packe sie nach der Hochzeit, schleife sie in ein Bordell und erschieße sie dann.» Diesen Traum einer Patientin (vgl. S. 189 ff.) hat Tarantino inszeniert. Bill, der Frauen zu Killerinnen abrichtet, findet in dem Besitzer des Pussy Wagon, der seine Koma-Patientinnen als Huren vermarktet, seinen läppischen Nachahmer; es ist das Beziehungsmodell von Don Giovanni und Leporello, von Tamino und Papageno.

Der dämonisierte Mann unterwirft die Frau, beseitigt ihr kritisches Denken («Ein Mann muss eure Schritte leiten», heißt es in dem frommen Machwerk der «Zauberflöte», «Von jetzt an denkt Johnny für dich», dichtete Bert Brecht). Ob er ihr gebietet, Mörderin oder Hure zu sein, ist dann gleichgültig; in jedem Fall beraubt (und erlöst) er sie von der Verantwortung für ihr Leben und ihre Triebe, er gewinnt sie als Selbstobjekt.

Allerdings versäumt die Dämonisierung des Mannes als Täter eine Analyse seiner eigenen Verstrickung, seiner Abhängigkeit von der Unterwerfung der Frau, seiner Unfähigkeit zu einer Entwicklung. Black Mamba ist Richter und Henker in einem, durchdrungen von der primitiven Gewalt, der sie vorher zum Opfer fiel. Wie viele Helden der Postmoderne kämpft sie nicht mehr für das Gute, sondern nur noch gegen das Böse. Sie schlägt sich durch und bricht das Gesetz im Dienst ihrer Rache. In diesem Kampf gibt es nur Besiegte; das Beste, was man in ihm haben kann, ist das Überleben.

Während das Märchen eine Alternative zur Rachsucht angesichts der Kränkungen der sexuellen Identität konstruiert, steht «Kill Bill» für eine Dekonstruktion dieser Konstruktion, bleibt aber auf seine Weise auch dem Thema der Unschuld treu, die sich aus der tiefsten Schuld gebiert. Black Mamba rächt sich für den Verlust eines Kindes, um dessentwillen sie ihre grausame Arbeit aufgeben wollte. In dieser Rache verwandelt sie sich aus der werdenden Mutter zurück in die Mörderin. In Wahrheit aber ist dieses Kind nicht verloren und wird schließlich die Mutter von ihrer Rache erlösen.

11 STALKING*

Es ist nicht so, dass Liebe manchmal Fehler macht,
sondern die Liebe selbst ist ein Fehler.
Wir verlieben uns, wenn unsere Phantasie
auf eine andere Person die Perfektion projiziert,
die sie nicht hat. Eines Tages verschwindet das
phantastische Bild, und mit ihm stirbt die Liebe.

Ortega y Gasset, Über die Liebe

Unter Stalking («Pirschen») versteht man die Nachstellungen meist männlicher Täter, die eine Frau zum Gegenstand ihrer Selbstliebe machen und nun dieses Selbstobjekt jagen, um sich seiner zu bemächtigen. Sie streben danach, es zu beobachten, zu jagen, es fiktiv oder auch real zu kontrollieren, es sich geistig einzuverleiben, es sexuell zu besitzen oder wenigstens dafür zu bestrafen, dass es sich solchen Ansprüchen entzieht. Stalker sind so unterschiedlich wie Süchtige oder Depressive. Manche handeln ohne greifbaren Realitätsbezug; andere verfolgen eine Frau, die sich nach einem Flirt zurückgezogen hat, als sie bemerkte, was für eine Lawine sie ausgelöst hatte. Verlassene Ehemänner werden zu Jägern des verlorenen Schatzes, wenn sie nicht loslassen können und durch hartnäckige Verfolgung

* Zur Häufigkeit von Stalking: In der Bundesrepublik wird der Tatbestand bisher statistisch nicht erfasst. Nach Schätzungen und Umfragen des Mannheimer Zentralinstituts für Seelische Gesundheit wurden 12% der Bundesbürger bereits einmal betroffen. In den USA werden jedes Jahr ca. 1,5 Millionen Menschen Opfer von Stalking, davon sind über 1 Million Frauen. Weiterhin gaben ca. 8% aller amerikanischen Frauen und ca. 2% der Männer an, irgendwann in ihrem Leben einmal in dieser Weise verfolgt worden zu sein; bei 70% der Stalking-Fälle kannten sich Opfer und Täter vorher.

entweder die einstige Partnerin umstimmen oder sich an ihr rächen wollen. Oft tun sie beides zusammen, in einer bizarren Mischung, die Stoff für zahllose Melodramen, Komödien und Tragödien gibt.

Drei Viertel der auffälligen Stalker sind Männer. Ich bin aber überzeugt, dass eine einseitige, verfolgende Verliebtheit bei Frauen nicht seltener ist, im Gegenteil. Sie ist jedoch unscheinbarer und stärker schambesetzt, fällt daher erheblich weniger auf, wird in den meisten Fällen sogar mit großen Anstrengungen verheimlicht. In der therapeutischen Praxis begegnet man nicht selten Frauen, die erst nach langem Zögern verraten, dass ihr Liebesleben um einen Mann zentriert ist, der davon nicht das Geringste weiß.

Männliches Stalking richtet sich nach außen, es fällt auf, belästigt das Opfer. Weibliches Stalking richtet sich nach innen, es findet in der Phantasie statt und wird extrem selten so aggressiv wie in dem Film «Eine verhängnisvolle Affäre», in dem die Rache einer enttäuschten Geliebten Michael Douglas zu schaffen macht.* Bekannt geworden ist der Mordversuch eines Stalkers an der Tennisspielerin Monika Seles. Der Täter verfolgte schon länger eine zweite Tennisspielerin, Steffi Graf. Als Seles zu einer ernsten Konkurrenz um den ersten Platz in der Weltrangliste wurde, stach der Stalker sie mit einem Messer in den Rücken. Seles überlebte schwer verletzt und psychisch traumatisiert.

Hier ist zu vermuten, dass ein Teil der Wut dem bewunderten Idol galt, das die Aufmerksamkeiten des Stalkers nur

* Als sich der New Yorker Rechtsanwalt Dan Gallagher (Michael Douglas) von der Lektorin Alex Forrest (Glenn Close) verführen lässt, tut er es in dem Glauben, nach einer kurzen Affäre sein Bilderbuch-Familienleben weiterführen zu können. Wie er sich irrt, wie er am Ende Frau und Kind an eine bösartige Verfolgerin zu verlieren droht, zeigt der von Adrian Lyne spannend inszenierte Thriller.

als Belästigung erlebte. Sie wurde dann von der «guten» Steffi Graf auf die «böse» Monika Seles gelenkt, hätte aber fast ebenso gut auch die idealisierte Person treffen können. Stalker, die eine berühmte Person verfolgen, wollen an deren Ruhm teilhaben, indem sie sich mit ihr identifizieren. Sie können, wie der Mörder von John Lennon, schließlich auch versuchen, sie von der Bühne zu morden, um an ihrer Stelle berühmt zu werden. Wann ein solcher Verfolger von der Bewunderung in die Aggression kippt, ist von außen nicht leicht zu erkennen und schwer zu beeinflussen, da der Stalker in einer Phantasiewelt lebt und sich wenig an äußeren Einflüssen orientiert. Dennoch ist gerade diese Frage sehr spannend; sie führt sozusagen in das Herz der Geschichte von der Rache der Liebenden.

Stalker sind meist nicht in der Lage, sich für andere Menschen zu interessieren und sich in deren Situation einzufühlen. Daher leben sie in einem ständigen Beziehungsdefizit, das sie auf ihre Weise kompensieren. Die Wünsche und Gefühle ihrer Opfer sind ihnen gleichgültig. Sie werden durch Phantasien ersetzt. In dem tendenziösen Denken der narzisstischen Störung richtet sich ein leidenschaftlicher Wunsch darauf, gerade diese Störung nicht wahrhaben zu müssen und ihre kränkende Realität zu verleugnen.

So setzen solche Menschen ihr Denken außer Kraft, wenn es um ihre «Liebe» geht. Zurückweisung heißt beispielsweise, dass die Geliebte gegen eine übergroße Leidenschaft ankämpfen muss. Rückzug bedeutet, dass sie sich erst über ihre Gedanken klar werden möchte, die selbstverständlich voller Leidenschaft für den Täter sind. Holt sie die Polizei, signalisiert das, dass sie einem Durchbruch zu ihrem wahren, dem Stalker genau bekannten Selbst so nahe ist, dass sie zu derlei verzweifelten Mitteln Zuflucht suchen muss.

In den Medien werden Stalking-Berichte fast immer von einem dramatischen Ausgang her erzählt. Aber solche extremen Ereignisse erschweren eher das Verständnis für die durchschnittlichen Fälle. Ein Stalker, der sein Opfer schließlich ermordet, ist noch sehr viel seltener als ein Stalker, der mit Selbstmord droht und sich dann tatsächlich umbringt. Zehn bis zwanzig Prozent der Bevölkerung geben in Umfragen an, schon einmal Opfer eines Stalkings gewesen zu sein. In den meisten Fällen gibt der Jäger oder die Jägerin schließlich auf. Man würde gern hinzusetzen: ohne größeren Schaden angerichtet zu haben. Das ist aber nicht der Fall.* Stalking ist für das Opfer seelisch extrem belastend. In seiner Folge sind Ängste, Depressionen und posttraumatische Belastungsstörungen beschrieben worden.**

Ein gesunder, selbstbewusster Mensch verkraftet eine Zurückweisung in der Liebe – mit Mühe. Das traumatisierte Selbst, das nach einer perfekten Beziehung sucht und daher die Abweichung eines Liebesobjekts vom Liebesideal nicht ertragen kann, wehrt seinen drohenden Zusammenbruch ab,

* Aufgrund des hohen psychischen Drucks müssen ca. 40 Prozent der Opfer medizinisch-psychologisch betreut werden, auch oft noch Jahre nach Beendigung des Stalkings.

** Zitat aus einem «Spiegel»-Artikel über Stalker: «Manchmal erwischt es freilich auch ganz normale Frauen wie Christel Breitbarth, 44, aus einem kleinen Dorf in der Nähe von Weimar. Die Kosmetikerin hat nicht die geringste Ahnung, wer ihr seit Jahren den Alltag zur Hölle macht. Ein Stalker bestellt in ihrem Namen bei Herstellerfirmen oder Versandhäusern Möbel, Kreuzfahrten, Klappräder, Erotikartikel. Manchmal kommen acht Pakete pro Tag, gelegentlich fahren sogar schwere Lastwagen vor, etwa mit Containern voller Bürostühle.

Im Dorf tuscheln die Leute, und Breitbarth ist manchmal den ganzen Tag damit beschäftigt, alles wieder zurückzuschicken. Im Hinterkopf immer die Angst, sie müsste sonst tatsächlich bezahlen, was ihr ungewollt vors Haus rollt. ‹Ich bin so misstrauisch geworden, bei jeder Nachbarin, jedem Bekannten habe ich gedacht: Ist der das vielleicht?›

Auch ihr Auto wurde schon zerkratzt, bei ihrer Versicherung ging daraufhin ein Schreiben ein, Breitbarth wolle das Unternehmen betrügen. Der Frau fallen die Haare aus, sie leidet unter Nervenentzündungen und Depressionen.»

indem es Liebe erzwingen will. Wer eine Zurückweisung abtrauert, kann wenig tun. Aber Untätigkeit ängstigt den Traumatisierten extrem. Daher sucht er Entlastung in der Tat, auch wenn sie sinnlos ist. Das Streben des Stalkers, ein Liebesobjekt als Selbstobjekt zu nutzen und sein eigenes Selbstgefühlsdefizit durch die Beziehung zu kompensieren, ergibt Ähnlichkeiten des Stalkings mit Sucht und Perversion, die ja beide ebenfalls die Funktion haben, eine Selbstgefühlsstörung zu reparieren.

All diese Strategien sind Reparaturversuche. Sie füllen ein Defizit und erlauben es den Betroffenen, einen sonst für sie unerträglichen Zustand innerer Leere und Entwertung zu ertragen. Don Juan, der immer eine Frau erobern muss, der Alkoholiker, der jederzeit seinen Tröster hat, der Junkie, der nach Heroin giert, die Anorektikerin, die nur an den Kampf gegen die Fettwülste an ihrem Leib denkt – sie alle vermeiden durch ihre Störung etwas, das sie subjektiv als noch erheblich ängstigender erleben als die schädlichen Folgen ihres Tuns (welche sie häufig durchaus erkennen können). Im Stalking lassen sich viele Elemente einer perversen Erotik nachweisen:

1. Exhibitionismus. Der Stalker zeigt sich möglichst oft und intensiv. Wenn ihn das Objekt sieht, so hofft er, muss es ihn lieben. Irgendwann wird er den günstigen Augenblick erhaschen, in dem die verschüttete, verlorene, behinderte, aber im Grunde vorhandene Bewunderung der/des Geliebten an die Oberfläche tritt. Er schickt Fotos, Briefe, Videos, in denen er unermüdlich sich selbst und seine Liebe darstellt. Solange sie unterwegs sind und er noch keine Antwort erhalten hat, kann er hoffen, das Objekt zu überwältigen. Es wird diesmal mit seinen Wünschen harmonieren, so klar und überzeugend wie heute hat er sie noch nie formuliert. Da der Stalker überzeugt ist, dass sein Opfer so fühlt und denkt wie er, sind diese Briefe und symbolischen Annäherungen häufig für das Opfer gänzlich unverständlich, zumindest aber sehr verwirrend.

2. Voyeurismus. Der Stalker versucht, das Liebesobjekt möglichst viel und in möglichst intimen Situationen zu sehen. Wenn es prominent ist und in den Medien auftaucht oder in der Öffentlichkeit auftritt, sitzt der Stalker immer im Publikum (sitzt er in der ersten Reihe, belegt das eine Gleichzeitigkeit von Exhibitionismus und Voyeurismus). Der Stalker versucht, Wanzen anzubringen, Kameras zu installieren, richtet jede Nacht ein starkes Fernglas auf die Fenster des von der/dem Geliebten bewohnten Hauses. Er schleicht sich auf Partys ein, verfolgt die Spur des Objekts im Bekanntenkreis, findet heraus, wo es den Urlaub verbringt, und taucht dort auf.

3. Masochismus. Der Stalker scheut keine Mühe, keine Kosten, um seinem Objekt nahe zu sein. Oft hofft er, es durch Erniedrigung und Selbstanklagen zu erweichen, droht mit Selbstmord, riskiert seine Gesundheit, stilisiert Polizeistrafen zum Liebesdienst.

4. Sadismus. Dieser Partialtrieb wird sicher am häufigsten aktiviert. Der Stalker gewinnt Lust daraus, dass er nicht abzuschütteln ist; er genießt die Qual, die er zufügt, weil er so im Leben des Opfers präsent ist. Indem er Schmerz zufügt und sein Opfer zerbricht, kann er die Phantasie aufrechterhalten, dass er übermächtig und unzerstörbar ist. Sadismus steht der Rache sehr nahe, ist vielleicht immer eine geronnene, aus ihrem Kränkungskontext gerissene Rache. Eltern, die ein Kind sadistisch misshandeln, rächen sich oft an ihm, weil es nicht so ist, wie sie es haben wollen, wie sie es brauchen, um ihr eigenes narzisstisches Defizit zu flicken.

5. Autismus. Vielleicht ist es sinnvoll, eine autistische Dimension hinzuzufügen, um die Bedeutung einer sehr verbreiteten Stalking-Strategie zu verstehen: der Anruf, ohne ein Wort zu sagen. Stalker verwenden darauf oft sehr viel Zeit und lassen sich auch durch technische Kunstgriffe (wie eine Ge-

heimnummer) nicht abhalten. Sie rufen zehn-, ja hundertmal am Tag an – und sagen dann gar nichts. Die Täter wollen sich vergewissern, dass der Gegenstand ihrer fanatischen Sehnsucht dort ist, wo sie ihn vermuten. Die elektronische Verbindung wird zu einem Teil des eigenen Nervensystems. Wenn ich sie/ihn erreiche, gehört sie/er mir! Wenn das Opfer sich meldet, genügt das in den meisten Fällen, um die Vorstellung von Beziehung zu halten – aber eben nur für sehr kurze Zeit. Der Geisteranruf gleicht dem Schreien des Säuglings insofern, als auch darin zunächst kein spezifisches Bedürfnis erkennbar ist, sondern ein grandioser Anspruch: Eine Mutter hat zu wissen, was jetzt geschehen muss, damit dieses Schreien aufhört. Ganz ähnlich hat das Opfer der Geisteranrufe zu wissen, was zu geschehen hat, um den Anrufen ein Ende zu setzen. Sich den Telefonterror zu verbitten oder dem Geist am anderen Ende der Leitung gut zuzureden hat nicht viel mehr Sinn als ähnliches Vorgehen bei einem schreienden Säugling.

Stalking ist ein Regressionsphänomen. Es ist der Sturz in Abhängigkeit bei einem Menschen, der auch andere, erwachsenere Erlebnisweisen kennt und beherrscht. Der Stalker verhält sich wie ein Säugling, er ist aber keiner. Daher ist es für Stalker auch möglich, wieder auszusteigen.

Kann das Opfer dazu einen Beitrag leisten? Wenn wir einer Sucht begegnen, können wir eigentlich immer nur wenig tun, aber viel falsch machen. Das gilt für den Alkoholismus so gut wie für die Anorexie, noch weit mehr aber für die Abhängigkeit von einem (Selbst-)Objekt. Es ist herzzerreißend, für einen anderen Menschen so wichtig zu sein und ihn so wenig erreichen und umstimmen zu können. Das Wenige, was das Opfer tun kann, läuft darauf hinaus, sich konsequent abzugrenzen und beim geringsten Zeichen einer Drohung, einer Entgleisung in Gewalt die Polizei zu rufen.

Das fällt vielen Betroffenen schwer. Ich habe beschrieben,

wie magnetisch die Anziehung ist, welche narzisstisch gestörte Personen auf andere ausüben, die ähnliche Störungen haben. Mit dem Selbstbild aller, die sich nach einer perfekten Liebe sehnen, ist es kaum zu vereinen, auch der einseitigen, verrückten, sadistischen Liebesbehauptung des Stalkers nicht mehr mit den eigenen Emotionen, den eigenen hohen Werten zu begegnen. Polizisten zu rufen, die nicht immer durch besondere Einfühlung und Verständnistiefe aufzufallen pflegen, fällt den Opfern eines Stalkers oft schwer. Und genau diese Lücke nutzt der Täter, um sich zu entfalten und seinen Machtanspruch zu regenerieren.

Dabei ist die Polizei nicht nur für das Opfer, sondern auch für den Täter eine Wohltat. Sie verkörpert das Monopol der Gewalt, das durch Gesetze geregelt ist. Fast jeder Erwachsene hat erfahren, dass man mit der Justiz nicht spaßt.

Eine Klientin, die sich von einem narzisstisch gestörten Mann trennen wollte und ihrerseits ausgeprägte Selbstgefühlsprobleme hatte, erzählte mir einmal, wie ihr Partner drohte, sich zu erschießen, wenn sie Ernst mache. Er zeigte ihr sogar die Waffe in der Schreibtischschublade.

Sie schloss sich in der Toilette ein und verständigte die Polizei. Als sie völlig aufgelöst nach dem Eintreffen der Beamten aus ihrem Versteck kam, sah sie den Partner mit den beiden Polizisten im Wohnzimmer plaudern; er schenkte ihnen gerade einen Schnaps ein. Er habe einen Scherz gemacht, das angebliche Mordwerkzeug erkenne doch jeder gleich als Spielzeugpistole, er entschuldige sich für das hysterische Verhalten seiner Frau, die gerade ihre Periode habe.

Narzisstisch gestörte Männer können den zärtlichen Liebhaber so perfekt spielen wie den mordbereiten Bösewicht. Ein makabres Beispiel ist der belgische Mörder Dutroux. Er redete den von ihm entführten und eingesperrten Mädchen ein, er handle im Auftrag eines «wirklichen» Bösewichts, und nötigte sie so sexuell, angeblich, um sie vor diesem zu schützen. Diese Rolle spielte er auch gegenüber der Justiz und den Medien eindrucksvoll. Viele glauben bis heute, er sei ein Werkzeug größerer Bösewichte, welche «eigentlich» für die Morde verantwortlich seien.

In einer Reportage wurde einmal von einer Frau berichtet, welche unter den Nachstellungen eines Telefon-Stalkers völlig zusammengebrochen wäre, hätte sie nicht einen aufmerksamen Exfreund gehabt. Sexuell lief schon lange nichts mehr, aber der frühere Partner tröstete sie ausdauernd und liebevoll über die neuesten Morddrohungen per SMS und die nächtlichen Geisteranrufe, die von einem unregistrierten Handy kamen – bis sich herausstellte, dass der zärtliche Tröster und der sadistische Verfolger dieselbe Person waren.

Wer die Klagen einer Frau über ihren alkoholkranken Mann hört oder die männliche Aufopferung angesichts einer depressiven Partnerin staunend zur Kenntnis nimmt, lernt fast immer nur ein solches Maskenspiel kennen, dessen Hintergründe ihm verborgen bleiben. Die Frau, welche ihren Mann als brutalen Schläger beschreibt, will die Monate nicht missen, in denen er ihr nach dem Exzess jeden Wunsch von den Augen abliest. Der Mann, der nach einem anstrengenden Job im Büro am Abend die Wohnung putzt und seiner depressiven, arbeitslosen Freundin ein Menü zubereitet, berichtet nicht, dass seine Potenzprobleme verschwunden sind, seit er mit ihr zusammenlebt.

Die Dynamik der Zudringlichkeit lässt sich als die Suche nach einer inneren Maske verstehen. Der Stalker erklärt die Realität, in der er sein Opfer verletzt, kränkt, beleidigt, Ekel und Abscheu erregt, zu einer Maske. Er sucht im Inneren des Opfers nach dessen wahren Selbst, das genau so ist, wie er es sich wünscht. Seine sadistischen Aktionen sind sozusagen uneigennützig. Sie gleichen den Bemühungen des Bildhauers, der die im Marmor eingeschlossene Statue aus der blöden Materie befreit und ihre nur ihm sichtbare Gestalt freilegt.

Wenn das Opfer sich gepeinigt fühlt, ist das angesichts des erhabenen Ziels zu vernachlässigen, wie schließlich auch eine siegreiche Armee sich keine großen Gedanken um den Begleitschaden macht, den ihr Vormarsch anrichtet. Die realen Gefühle des Opfers sind *collateral damage*.

Vielleicht sind Vampirgeschichten aus diesem Grund gerade in den fortgeschrittenen Konsumgesellschaften so beliebt. Vampire sind unsterblich und sehr viel stärker als normale Menschen, solange die Sonne nicht scheint und sie genügend Blut trinken können. In der hellen Sonne verbrennen sie; nur während der Nacht haben sie ihre vollen Kräfte. Wenn wir Verharmlosungen des ursprünglichen Mythos ignorieren, leben Vampire von dem Blut, das sie anderen nehmen. Es muss frisches menschliches Blut sein. Das Opfer des Vampirs wird sterben, ausgesaugt. Oder aber es wird selbst zum Vampir.

Der zudringliche Liebhaber, der Grenzen nicht achtet, sondern sie einfühlungslos überschreitet, bis er auf energischen Widerstand stößt, wirkt auf den ersten Blick ähnlich übermächtig. Er leistet sich Erstaunliches, vermag es, mit Unverschämtheiten durchzukommen, die seine Opfer sprachlos machen; er beutet ihre Rücksichtnahme aus, manipuliert ihre Gutherzigkeit, spielt mit ihren Ängsten, droht mit Beziehungsabbruch, Selbstmord oder Gewalt und hat nachher nur ein wenig übertrieben. Er ist der Carnivore unter den Pflanzenfressern und dankt seine Macht der Wehrlosigkeit und Rücksichtnahme jener, die vergeblich auf seine Einsicht hoffen, wenn sie ihm diesmal Blamage oder Strafe ersparen.

Wenn der Vampir-Mythos keinen Ausweg zulässt, spiegelt das die Kompromissunfähigkeit, welche der narzisstisch Gestörte immer erlebt, aber keineswegs immer praktiziert. Wer gebissen wurde, hat nach dem Mythos nur die Wahl, selbst zu sterben oder ein Untoter zu werden, nicht besser als die anderen Vampire. Ähnlich beobachtet der Analytiker von Partnerschaften, in denen mindestens ein Teil eine schwere narzisstische Störung mitgebracht hat, immer wieder die immense Macht der seelischen Infektion. Da alle Menschen Größenphantasien kennen, Verunsicherungen erleben, Kränkungen verarbeiten müssen, da ferner alle Menschen die Fähigkeit zur Regression in sich tragen, geschieht es sehr oft, dass nicht der Gesunde den Kranken heilt, sondern der Kranke den Gesunden so sehr kränkt, dass auch dieser beginnt, mit den Waffen zurückzuschlagen, die er dem Aggressor abgenommen hat.

Es genügt, sich an die schlichte Kränkung durch einen Freund zu erinnern, der mir etwas Unrechtes vorwirft: Wie groß ist doch die Versuchung, nicht den Vorwurf abzuweisen und die Realität zu betonen, sondern einen Gegenvorwurf zu starten, dessen Wucht ihm ein für alle Male die Neigung austreiben wird, solche haltlosen Vorwürfe zu erheben.

Während aber der Vampir immer Vampir bleibt und gar keine andere Möglichkeit hat, ist es bei den narzisstischen Störungen so, dass die grausame Maske jederzeit verschwinden kann. Darunter erscheint etwas anderes, und jetzt tritt die Beziehung in eine empfindliche Phase. Denn wenn ein Gegenüber nun aufklären will, wo die grausame Maske geblieben ist und ob die neue, zugewandte Seite der Person nur eine neue Maske ist, wird es mit hoher Wahrscheinlichkeit die grausame Maske wieder beleben und damit zu dem Ergebnis kommen, dass diese das «wirkliche» Gesicht ist.

Die narzisstische Störung braucht Bewertungen wie Vampire Blut. Wenn es uns gelingt, lebendig zu sein, zu handeln, zu erzählen, ohne uns oder andere zu bewerten, kann sie verschwinden. Aber in dem Augenblick, in dem wir uns versichern wollen, dass sie wirklich verschwunden ist und nie mehr wiederkommen wird, ist sie auch schon wieder da, leibhaftig oder als Maske ihrer Verleugnung.

Sehnsuchtspartner: Stalking nach innen

Ich besaß es doch einmal,
Was so köstlich ist!
Dass man doch zu seiner Qual
Nimmer es vergisst!

Goethe, «An den Mond [letzte Fassung]»

Die grenzenlose Sehnsucht, welche der Dichter schildert – ist sie Erinnerung an leibhaft Besessenes oder Suche nach perfekter Erfüllung, die reale erlittene Leere ausgleicht? Die Erfahrungen aus der Analyse weisen in die zweite Richtung. Menschen, die sich in aussichtslosen Liebschaften verzehren, die – genauer betrachtet – Aussichtslosigkeit zur Bedingung ihrer Verliebtheit machen, wollen nicht einen Zustand wiederherstellen, den sie einmal besaßen. Es ist auch nicht so, dass der Mensch glückliche Momente der Erfüllung, des Besitzes nicht vergisst. Im Gegenteil: Sie haften in seinem Gedächtnis weit schlechter als die Sehnsucht nach dem, was man eigentlich haben müsste, aber nicht hat. Das lässt sich sogar experimentell beweisen; Kurt Lewin hat das getan: Die unerledigte Aufgabe wird besser erinnert als die erledigte.

So schreiben wir Goethes Verse um:

Ich besaß es nicht einmal,
Was so köstlich ist!
Dass man doch zu seiner Qual
Nimmer es vergisst!

«Es darf doch nicht wahr sein», scheint sich das verletzte Selbst zu sagen. «Es kann doch nicht dahin kommen, dass mir etwas fehlt, was vorhanden sein müsste! Ich muss es haben, es muss da draußen sein, es ist da, aber es weigert sich, es kommt nicht, es müsste kommen, es wird kommen, wenn ich ihm nur nachdrücklich genug vermittle, dass es kommen muss!» Diese «Vermittlung» der eigenen narzisstischen Bedürftigkeit an das zu ihrer Erfüllung verpflichtete Selbstobjekt gestaltet die Dynamik des Stalkings.

Stalker sind, was ihre narzisstische Störung angeht, primitiven, handlungsorientierten Lösungen zugeneigt. Die Phantasiebeziehung hingegen, welche uns im Folgenden beschäftigt, setzt eine stärker strukturierte Abwehr voraus.

Die 38-jährige Christine ist eine sehr attraktive Frau, zurückhaltend, sehr intelligent. Sie arbeitet in der Stabsabteilung einer Investmentbank und wird von ihren Vorgesetzten geschätzt. Sie ist im Büro engagiert, umsichtig und genau, erledigt ihre Aufgaben schnell und zuverlässig. Man kann sich absolut auf sie verlassen. Einmal bot ihr der Abteilungsleiter beim Personalgespräch einen Aufstieg an. Christine konnte sich das nicht vorstellen und zog sich freundlich zurück: Sie will bleiben, wo sie sich auskennt, sie traut sich eine Führungsaufgabe nicht zu. «Manchmal habe ich den Verdacht, dass Sie mehr leisten als Ihr Gruppenleiter», sagt der Vorgesetzte. «Das mag sein», sagt Christine lächelnd. «Aber das ist etwas ganz anderes. Ich könnte das nicht. Ich will nicht so im Vordergrund stehen!»

Keiner der Kollegen weiß von ihrem Privatleben; keiner ahnt, dass sie seit zwanzig Jahren allein lebt und allen sexuellen Erfahrungen aus dem Weg geht, seit sie sich von ihrem ersten und bisher einzigen Freund getrennt hat. Damals wohnte sie noch zu Hause und bereitete sich auf das Abitur vor. Die folgende Trennung von den Eltern, um in einer anderen Stadt zu studieren, erlebte sie als Befreiung – allerdings um den Preis real gelebter Sexualität.

Christines sorgsam gehütetes Geheimnis sind Phantasien von erotischen Beziehungen, in denen sie sich ein gemeinsames Leben ausmalt. Gegenstand dieser Phantasien sind meist Vorgesetzte, manchmal auch Kollegen, oft auch Männer, die sie nur flüchtig kennt. Christine verbringt viele Stunden damit, sich ihre Liebe auszumalen, gemeinsame Wohnungen einzurichten, Reisen zu planen, Kinder zu erziehen, Freunde einzuladen. Sie lebt in einem unscheinbaren Apartment mit Möbeln, die ihre Eltern nicht mehr brauchen konnten. Sie kann keinen Besuch empfangen, weil sie keinen Esstisch hat und überall Bücher und Fachzeitschriften liegen.

Ausgangspunkt der Phantasie ist, wie der Mann ihr seine Liebe gesteht. Er sagt, dass er sie erwählt hat. Er wendet sich ihr ganz aus freien Stücken zu, sie hat ihn nicht ermutigt, ihm kein Bedürfnis gezeigt, denn das findet Christine extrem beschämend – so sehr, dass sie sich beispielsweise niemals allein in ein Restaurant setzt. Sie ist überzeugt, dass jeder Beobachter denkt, sie sei auf Männerfang aus. Das findet sie unerträglich. Der Mann muss den Wall ihrer zur Schau getragenen Neutralität durchdringen. Alles andere ist wertlos: Kein Mann will eine Frau, die so billig zu haben ist, dass sie sich allein an einen Tisch setzt.

Christine ist die einzige Tochter einer Frau, die zeitlebens mit ihrer Enttäuschung über ihre eigene Mutter ringt. Sie hat sich von dieser entwertet gefühlt, die Brüder wurden ihr vorgezogen. Christines Mutter klagt oft über ihre eigene Kindheit und erklärt der Tochter, wie viel besser sie es doch habe, wie viel Mühe und Liebe die Mutter aufwende, wie sie selbst sich glühend gewünscht habe zu bekommen, was Christine gar nicht richtig zu schätzen weiß. Christine müsste überglücklich sein, hat sie doch eine Mutter, die mit ihr einkaufen geht, Kleider für sie aussucht, über die Lehrer redet, in jede Schulsprechstunde geht, die jeden Tag anruft, wenn Christine einmal verreist ist.

Für alles, was das harmonische Verhältnis zwischen Mutter und Tochter trüben könnte, gibt es Erklärungen, in der Regel die Charaktermängel des Vaters. Bis zu einem Auslandseinsatz, der lange Telefonate mit Christine unmöglich machte, hat Christines Mutter jeden Abend angerufen und mindestens eine halbe Stunde mit der Tochter gesprochen. Christine fürchtet bis heute diese Anrufe, kann aber ihre Schuldgefühle nicht ertragen, wenn sie den Automaten einschaltet und auf der Ansage die vorwurfsvolle Stimme ihrer Mutter hört, die um einen Rückruf bittet, weil sie sich Sorgen macht. Die Mutter wünscht sich Enkelkinder und versucht manchmal, Christine zu verkuppeln. Aber Christine findet den Gedanken unerträglich, sich auf diese Weise einen Mann zu verschaffen. Sie lächelt ein wenig, wenn sie schildert, wie hilflos die Mutter auf ihre Verweigerung reagiert.

Lange Zeit hat Christine ihre Phantasiebeziehungen wie Generalproben eingeschätzt, welche sie auf Ehe und Familie vorbereiten. Sie wünscht sich schließlich Kinder, sie will nicht einsam alt werden, es ist doch grässlich, eine vertrocknete alte Jungfer zu sein. Christine erlebt die Phantasien zunehmend als Sucht. Es wird ihr deutlich, dass sie besonders intensiv sind, wenn sie sich schlecht fühlt, wenn sie der Arbeit nichts abgewinnen kann oder schon allzu lange außer Arbeit und Haushalt praktisch nichts unternommen hat. Je mehr sie phantasiert, desto schlechter und wertloser fühlt sie sich nachher, weil sie immer irgendwann dem Gedanken begegnen muss, dass der ersehnte Partner nicht daran denkt, ihre Liebe wahrzunehmen und zu erwidern.

In diesem Zustand kommt Christine in eine analytische Therapie. Wie lässt sich ihr Erleben erklären und verstehen?

1. Christine hat schon als Kind die Brüchigkeit und Bedürftigkeit ihrer Mutter erkannt und kompensiert, indem sie sich alle Aggressionen verbot und versuchte, durch Übererfüllung der mütterlichen Forderungen an ein braves, sauberes, gehorsames Kind die Mutter zu stabilisieren. Einmal während eines Ehekonflikts rief die Achtjährige den Vater im Dienst an, weil die Mutter mit Selbstmord gedroht hatte, wenn sich das Verhalten des Vaters nicht ändere. «Ich halte es nicht mehr aus, was soll ich nur machen!» «Du kennst sie doch, Christine», sagte der Vater. «Nimm sie nicht ernst, kümmere dich um sie, es geht nicht anders, ich kann jetzt hier nicht weg!»

2. Die verwirrende Paradoxie, dass Christine ihr Sexualleben in der Situation beendete, in der andere damit beginnen – nach dem Auszug aus dem elterlichen Haushalt –, spiegelt sich in einer Geschichte aus Christines später Kindheit. Als sie elf Jahre alt war, gab die Mutter Christine einen Hundertmarkschein und forderte sie auf, sich ein Paar Schuhe zu kaufen. Christine ging folgsam in ein Geschäft und suchte sich ein Paar aus, das ihr gefiel. Es waren blaue Schuhe. Sie kosteten achtzig Mark. Auf dem Weg nach Hause verlor Christine jede Freude über ihren Einkauf. Sie fürchtete, sie habe zu viel Geld ausgegeben, die Mutter werde jetzt unzufrieden mit ihr sein. Und obwohl die Mutter den Einkauf lobte, stellte Christine die Schuhe in den Schrank und zog sie nie mehr an. Diese Szene zeigt, dass sich Christine schon sehr früh für autonome, triebnahe Befriedigungen bestrafte. Sie suchte nach Halt angesichts einer Mutter, die nur wenig inneren Halt hatte, und entzifferte als verborgene Struktur im Unbewussten der Mutter die böse, strenge, aber klare Großmutter, die dem Kind nichts gönnt und möchte, dass es unsichtbar bleibt, fleißig arbeitet, keine Ansprüche stellt.

Aber träumen darf das Kind – träumen von einer idealen Beziehung, einer wunderbaren Liebe, die für alles entschädigt.

3. Die hochgradige Kontrolle unerwünschter Affekte hat bei Christine jene Mechanismen und Phantasien aktiviert, die im analytischen Jargon «analsadistisch» genannt werden. Sie hat gegenüber der überlasteten und harmoniesüchtigen Mutter ihre aggressiven Impulse in einem Maß beherrschen müssen, das nicht erreicht werden kann, wenn nicht sozusagen das Bewachte in Wächterdienst genommen wird, wenn der eigene, kontrollierende Umgang mit Aggression nur «vernünftig» und nicht in sich selbst verfolgend, aggressiv, ja sadistisch ist. Diese sadistische Phantasieaktivität erhöht die Wachsamkeit gegen alle Gefahren für Disziplin und Selbstkontrolle; sie wird auch in die Umwelt projiziert, um die Wachsamkeit noch zu steigern. (Daher auch Christines Entschuldigung, wenn sie in einer Therapiestunde geweint hat. Die sadistische Affektkontrolle wird in den Therapeuten verlegt. Sie setzt den Einwand außer Kraft, dass ein Therapeut kaum denkbar ist, der seinen Patienten das Weinen verbietet.)

Als Christine mehr Vertrauen aufgebaut hatte, konnte sie sich auch eingestehen, dass sie von Berichten über sadistische Szenen fasziniert war. Als sie daran dachte, mit Hilfe von Chats im Web einen Mann kennen zu lernen, wollte sie sich monatelang die bereits vorhandene Hardware nicht anschließen lassen. Sie fürchtete, dann unweigerlich einen Mann kennen zu lernen wie den «Kannibalen von Rotenburg», Armin Meiwes, der um diese Zeit von einem Schwurgericht in Kassel zu achteinhalb Jahren Gefängnis verurteilt worden war.

4. In ihren Phantasiebeziehungen hat Christine die Situation, den Mann und sich selbst vollständig unter Kontrolle – um den Preis der Entwicklung ihrer weiblichen Möglichkeiten in der Realität. Sie verleugnet diese Kontrolle durch die Gestaltung der Phantasien und macht sie auf diese Weise schwer durchschaubar. In den Phantasien selbst ist es immer

der Mann, der die Kontrolle über die Beziehung ausübt, der die gemeinsamen Reisen plant, der die erotischen Szenen gestaltet. In diesen Störungen des weiblichen Selbstgefühls verliert die Phantasie ihre normale Funktion. Sie bereitet nicht auf die Wirklichkeit vor, sie entfernt sich von ihr. Sie überhöht diese, schafft eine geistige Welt, in der alles perfekt ist und die Probleme des Alltags nicht mehr existieren.

In einem Fall «liebte» eine Studienrätin viele Jahre lang einen Kollegen. Sie machte lange Wanderungen mit ihm, sprach über Pflanzen und Sterne (das gemeinsame Fach war die Biologie). Wenn sie den Eindruck hatte, er interessiere sich für andere Frauen, litt sie alle Qualen der Eifersucht. Aber die ganze Zeit blieb sie mit dem Kollegen beim Sie. Einmal, auf einer Bergtour, bot er ihr das Du an. Sie war sprachlos. Er erschrak und kehrte zu der vertrauten Distanz zurück.

In allen Fällen, in denen ich solche Frauen in längeren Analysen genau kennen lernte, hatte eine Triangulierung in dem Sinn, dass ein zweites Liebesobjekt gewonnen werden kann, das mit dem ersten in liebevoller Spannung steht und so dem Kind eine beschützte Autonomie zwischen den Eltern erlaubt, nie stattgefunden. Die Eltern entwerteten sich offen oder versteckt. Die Mutter war in ihrem weiblichen Selbstgefühl tief verunsichert, oft schwer traumatisiert (die Mutter der Studienrätin war während der Vertreibung aus dem Sudetenland mehrmals vergewaltigt worden).

Christines Mutter suchte die Zerstörung und Diffusion der eigenen Ideale dadurch zu bewältigen, dass sie die Tochter als erweitertes Selbst erlebte. Sie hielt an der frühen Symbiose fest; die Tochter wurde nie zu einem Du, sie blieb in einem Wir gefangen. Christines Mutter sagte etwa meist, wenn sie mit ihrer Tochter in einem Lokal speiste: «Das schmeckt uns nicht», wenn sie mit der Tochter Kleider kaufte: «Das ziehen wir nicht an!» Eine andere dieser Mütter rief anlässlich der

Geburt ihrer ersten Enkeltochter einer Bekannten über die Straße zu: «Wir haben ein Kind!»

Die Tochter ist für die Mutter kein Gegenüber, keine eigene, andersartige Person, für deren Wünsche sich die Mutter interessiert. Sie ist sozusagen ein Gedanke der Mutter, ein Teil ihrer geistigen Welt. Und in einem ganz ähnlichen Sinn ist der Phantasiegeliebte keine eigenständige Person, für deren reale Gefühle sich eine liebende Frau interessiert. Er ist ein Gedanke der Liebenden, ihr Geschöpf, er darf kein Eigenleben haben, keine Kontur gewinnen.

Während die Phantasiebeziehungen von Frauen nicht selten der Analyse zugänglich werden, habe ich nur einmal einen Mann behandelt, der neben anderen Störungen auch Merkmale eines Stalkers zeigte. Normalerweise schließen sich Stalking und therapeutische Reflexion aus. Mein Patient hatte keine Einsicht in die Destruktivität seines Verhaltens. Er verfolgte seine Partnerin heimlich mit dem Auto und fälschte ihre Unterschrift, um Einblick in ihr Bankschließfach zu gewinnen. Ich konnte auch kein Unrechtsbewusstsein erarbeiten; er mäßigte aber sein Verhalten auf die Einrede hin, er schade so nur sich selbst und seinem Anliegen.

Sein Vater, ein ostpreußischer Junker, hatte während der Schwangerschaft seiner Ehefrau ein Verhältnis mit seiner Sekretärin begonnen. Die Mutter zog den Sohn ins Vertrauen über diese Beziehung. Der Vater hatte die Mutter angeherrscht, wenn ihr sein Verhalten nicht passe, könne sie gehen. Sie hatte sich scheinbar gefügt, klagte aber den Vater beim Sohn an. Der Sohn verachtete bewusst den Vater, bewunderte aber insgeheim seine Rücksichtslosigkeit; er stützte und versorgte die Mutter, verachtete sie aber insgeheim wegen ihrer Schwäche. Ein mühsam gebändigter, mörderischer Hass galt der Sekretärin, der Verräterin; die Analyse seiner verfolgenden Aktionen zeigte, dass sie diesen Hass gleichzeitig ausdrückten und kontrollierten.

Im Stalking werden durch Identifizierung mit dem Angreifer frühere Verletzungen belebt und diesmal dem Opfer angetan; in der Phantasiebeziehung verbindet sich die Angst vor den Verletzungen durch realisierte Liebe mit einer tiefen Sehnsucht nach perfekter Erfüllung.

Die Hartnäckigkeit der Verfolgungen, die für den Außenstehenden geradezu unglaubliche Vergeudung von Zeit und Kraft zeigen wieder, welche Ungeheuer in uns schlummern. Sie werden durch die Vereinzelung von Menschen geweckt, die in ihren Liebesbedürfnissen ohne den Glauben existieren müssen, sie könnten diese zusammen mit einem einfühlenden Partner regulieren.

Mahony, Patrick J.: Der Schriftsteller Sigmund Freud. Frankfurt/M. (Suhrkamp) 1989
Marcuse, Herbert: Das Veralten der Psychoanalyse. In: ders.: Kultur und Gesellschaft 2. Frankfurt/M. (Suhrkamp) 1965
Marcuse, Herbert: Der eindimensionale Mensch. Studien zur Ideologie der fortgeschrittenen Industriegesellschaft. Darmstadt und Neuwied (Luchterhand) 1967
Mitscherlich, Alexander und Margarete: Die Unfähigkeit zu trauern. Grundlagen kollektiven Verhaltens. München (Piper) 1977
Morgenthaler, Fritz: Technik. Zur Dialektik des psychoanalytischen Prozesses. Frankfurt/M. (Syndikat) 1986
Ramachandran, V. S. und Sandra Blakeslee: Die blinde Frau, die sehen kann. Rätselhafte Phänomene unseres Bewusstseins. Reinbek (Rowohlt) 2001
Reiche, Reimut: Haben frühe Störungen zugenommen? In: Psyche 12, 1991, S. 1045–1066
Rohde-Dachser, Christa und Renée Meyer zur Capellen: Prothesengott und Muttermacht. Psychoanalytische Bemerkungen zur Technikentwicklung, zur Naturzerstörung und zur Manipulierbarkeit unbewußter Phantasien. In: Rohde-Dachser, Christa (Hg.): Zerstörter Spiegel. Psychoanalytische Zeitdiagnosen. Göttingen (Vandenhoeck und Ruprecht) 1990
Schlör, Joachim: Krieg ohne Krieger – Krieger ohne Krieg. In: H.-J. Althaus et al. (Hg.): Der Krieg in den Köpfen. Tübingen (Tübinger Verein für Volkskunde) 1988, S. 131–140
Schlösser, Anne-Marie und Alf Gerlach (Hg.): Gewalt und Zivilisation. Gießen (Psychosozial) 2002
Schmidbauer, Wolfgang: Liebeserklärung an die Psychoanalyse. Reinbek (Rowohlt) 1988
Schmidbauer, Wolfgang: «Ich wußte nie, was mit Vater ist!» Das Trauma des Krieges. Reinbek (Rowohlt) 1996
Schmidbauer, Wolfgang: Wenn Helfer Fehler machen. Reinbek (Rowohlt) 1998
Sofsky, Wolfgang: Zeiten des Schreckens. Amok, Terror, Krieg. Frankfurt/M. (S. Fischer) 2002
Theweleit, Klaus: Männerphantasien. 2 Bände. Frankfurt/M. (Stroemfeld/Roter Stern) 1977/1978
van der Kolk, Bessel A. et al. (Hg.): Traumatic Stress. Grundlagen und Behandlungsansätze. Paderborn (Junfermann) 2000
Wright, Lawrence: Remembering Satan. New York (Knopf) 1994